LANGUES ASSiMiL DE POCHE

Mise en pages : **ASSIMIL** France

Illustration couverture : Gavi

ISBN 978-2-7005-0263-3
ISSN 1281-7554

La version originale de cet ouvrage est parue en allemand sous le titre **Schwedisch – Wort für Wort**, aux éditions Reise Know-How Verlag Peter Rump GmbH, Bielefeld.

Le Suédois de poche

d'après Karl-Axel Daude

adaptation française de Siri Abrahamson
et Alain Aveneau

Illustrations de J.-L. Goussé

ASSiMiL®

B.P. 25
94431 Chennevières-sur-Marne Cedex
FRANCE

COLLECTION *évasion*

Afrikaans – Albanais – Allemand – Alsacien – Anglais britannique – Anglais pour globe-trotters – Anglais australien – Arabe algérien – Arabe égyptien – Arabe marocain – Arabe tunisien – Arabe des pays du Golfe – Arménien* – Auvergnat – Basque – Brésilien – Breton – Bruxellois – Calédonien – Catalan – Chinois – Chtimi – Coréen – Corse – Créole capverdien – Créole guadeloupéen – Créole guyanais – Créole haïtien – Créole martiniquais – Créole mauricien – Créole réunionnais – Croate – Danois – Espagnol – Espagnol d'Argentine – Espagnol de Cuba – Espagnol du Mexique – Finnois – Flamand – Francoprovençal – Gallois – Gascon – Géorgien – Grec – Hébreu – Hiéroglyphe – Hongrois – Indonésien – Irlandais – Islandais – Italien – Italien pour fans d'opéra – Japonais – Kabyle – Lao* – Languedocien* – Letton* – Lingala* – Lituanien – Lyonnais – Malgache – Maltais – Marseillais – Néerlandais – Norvégien – Picard – Platt lorrain – Polonais – Portugais – Provençal – Québécois – Roumain – Russe – Serbe – Slovaque – Slovène – Suédois – Suisse alémanique – Tagalog – Tamoul – Tchèque – Thaï – Turc – Vietnamien – Wallon – Wolof – Zoulou*

LANGUES DE POCHE

Français pour :
- anglophones
- germanophones
- hispanophones
- Hongrois
- Italiens
- lusophones
- néerlandophones
- Polonais
- russophones

FRANÇAIS À L'USAGE DES ÉTRANGERS

- Américain
- Anglais
- Bruxellois
- Espagnol
- Flamand
- Argot français pour néerlandophones
- Wallon

SANS INTERDITS (ARGOT)

* En cours de réalisation, à paraître prochainement.

Assimil Évasion,
une recette différente

Vos ingrédients :

- un condensé de grammaire ;
- une bonne dose de conversation, à base d'éléments nutritifs et variés ;
- un saupoudrage savamment dosé de conseils d'amis et de tuyaux sur les coutumes locales ;
- une bibliographie légère ;
- en dessert, un double lexique ;
- pour pimenter un peu le menu, un zeste d'humour avec nos illustrations souriantes ;
- et, en prime, six rabats ingénieux pour vous mettre en appétit.

Il ne vous reste plus qu'à mettre les pieds sous la table pour déguster ce repas équilibré au gré de votre appétit, et en tirer tous les bienfaits : confiance, joie de communiquer et de devenir un peu plus qu'un simple touriste.

Ce manuel ne prétend pas remplacer un cours de langue, mais si vous investissez un peu de temps dans sa lecture et apprenez quelques phrases, vous pourrez très vite communiquer. Tout sera alors différent, vous vivrez une expérience nouvelle.

Un conseil : ne cherchez pas la perfection ! Vos interlocuteurs vous pardonneront volontiers les petites fautes que vous pourriez commettre au début. **Le plus important, c'est d'abandonner vos complexes et d'oser parler.**

SOMMAIRE

AVANT-PROPOS

Mode d'emploi 1
  Les rabats 3
Prononciation 3
  Les voyelles 3
  Les consonnes 5
  Combinaisons de lettres 6
  Accentuation 7
Cinq mots utiles 8

GRAMMAIRE

L'ordre des mots 9
Les substantifs 10
  Le genre 10
  L'article 11
  Le pluriel 11
Les adjectifs 14
  Comparatif et superlatif 15
Les couleurs 17
Les adverbes 17
Les pronoms personnels 18
Les pronoms possessifs 18
Les verbes 19
Les temps 21
La forme passive 23
Être et avoir 24
Les conjonctions 25

Les prépositions 26
Poser des questions 27
Oui et non 28
1, 2, 3... le compte est bon ! 29
Du premier au dernier 30
Les indications de temps 31
L'heure 31
La date 33
Les mois et les saisons 33
Les jours de la semaine. 34

CONVERSATION

Les salutations 35
S'adresser à quelqu'un 36
Parlez-vous suédois ? 37
Faire connaissance 39
La famille 40
Les professions 42
La météo 44
Les invitations 45
Les remerciements 46
Les fêtes 47
Jul - Noël 47
Påsk - Pâques 49
Första maj - 1er mai 49
Midsommar - La Saint-Jean. 49
Divertissements et activités culturelles 50
Manger et boire 52
Où va-t-on manger ?. 53
Plats traditionnels 56
Boissons 57
À travers la Suède. 59
... en train. 61
... en avion 62
... en transports publics urbains 63
... en voiture 64
Pour le cycliste 69
Sports de plein air 70

La randonnée 72
L'hébergement 73
En camping ou auberge de jeunesse 76
Être hébergé chez des amis 78
Les achats 80
Boucherie, charcuterie 82
Poisson 82
Fruits et légumes 83
Divers 83
La banque et l'argent 84
La poste et le téléphone 85
Internet 87
Prendre des photos 88
La police 89
En cas de maladie 90
Pharmacie 93
Les toilettes 93
Les jurons et la langue familière 94
Abréviations 95

Bibliographie 96

LEXIQUES

Suédois - Français 101
Français - Suédois 116

AVANT-PROPOS

Par sa superficie, la Suède est le quatrième pays d'Europe, mais elle n'est peuplée que de 8,8 millions d'habitants. Comme dans la plupart des pays qui ont des langues peu pratiquées hors de leurs frontières, on peut aisément se débrouiller avec l'anglais, mais les Suédois se réjouissent particulièrement quand on connaît quelques rudiments de leur langue. Ainsi il devient plus facile de nouer des contacts avec ces gens du Nord, qui passent souvent pour renfermés. Grâce à ce guide, nous espérons que vos rencontres avec les Suédois seront facilitées !

En outre, le suédois est la deuxième langue officielle en Finlande, et se rapproche tellement du danois et du norvégien que l'on peut se faire comprendre dans toute la Scandinavie grâce à lui.

MODE D'EMPLOI

Comme dans tous les guides de cette collection, nous avons essayé d'expliquer la grammaire de la manière la plus simple possible. Nous nous sommes également employés à utiliser quelques mots fort utiles, afin qu'ensuite vous soyez capables de lire des textes simples. Le mieux est encore de commencer par l'apprentissage et la maîtrise de la prononciation. Une fois que vous en aurez saisi les bases, vous serez libre de naviguer dans le guide à votre guise.

Vous pourrez alors lire les chapitres consacrés à la grammaire, mais sans trop vous y attarder. L'essentiel est d'avoir quelques notions en tête. En parcourant la partie "Conversation", vous pourrez toujours revenir à la grammaire si vous en ressentez le besoin. Nous préférons vous laisser découvrir le fonctionnement de la langue en douceur, à votre rythme...

Les rubriques thématiques de la partie "Conversation" vous placent dans les situations que rencontre tout voyageur. À chaque fois, vous trouverez des informations pratiques, des phrases clés et des expressions courantes, choisies parmi celles qui reviennent le plus fréquemment. Vous saurez ainsi comment engager une conversation ou, tout simplement, comprendre ce que l'on vous dit. Les listes de vocabulaire vous proposent les mots les plus utiles, mais vous pouvez aussi vous référer au double lexique (suédois-français ; français-suédois) en fin d'ouvrage.

À côté de chaque mot et de chaque phrase, vous trouverez une transcription phonétique simplifiée "à la française". Elle correspond à la manière dont un francophone écrirait tout ce qu'il entend en suédois. Sachez néanmoins que la Suède a plusieurs dialectes distincts, et qu'un mot peut être prononcé très différemment d'une région à l'autre. La prononciation peut également varier selon que la personne parle plutôt soigneusement ou vite. Comme en français, certaines fins de mots et syllabes sautent parfois en suédois.

Vous pouvez dès maintenant retenir que le suédois n'a aucun son nasal. Ne prononcez donc jamais (par exemple) les syllabes "on", "en", "in" à la française, mais plutôt "onn", "enn", "inn" ! Dans la transcription phonétique, même les voyelles longues qui se trouvent devant n sont suivies de deux n, pour éviter de "nasaliser". Ainsi **fin** (fin) est transcrit *fînn*.

Les différents constituants des mots composés ont été séparés d'un trait d'union, dans la transcription, pour signaler qu'il faut les prononcer distinctement. Par exemple :
köttbullar = *cheutt-boullar* (boulettes de viande).
Valborgsmässoafton = *Vâlborys-mèssou-aftonn* (la soirée de Walpurgis) .

Les rabats

Ils vous permettent d'avoir toujours les mots et les phrases les plus utiles à portée de main. Vous y trouverez également les règles de base pour la prononciation. Une fois dépliés, les rabats facilitent l'apprentissage, puisque vous pourrez vous en servir pour créer des phrases avec les mots contenus dans les différents chapitres. Si malgré tout vous avez le sentiment de ne plus rien comprendre, vous trouverez peut-être utile la rubrique *Rien compris ? Essayez ça !*

PRONONCIATION

L'alphabet suédois se présente de la façon suivante :

A B C D E F G H I J K L M N O P Q R S T U V X Y Z Å Ä Ö

Passons les lettres en revue une par une et voyons comment elles se prononcent.

Les voyelles

Selon le mot, les voyelles peuvent être longues ou brèves. Il est donc très important de marquer la différence entre les deux variantes.

Quand elle est suivie de deux ou plusieurs consonnes, la voyelle est le plus souvent brève. De plus, la voyelle est toujours brève quand la syllabe est non-accentuée.

Dans notre transcription, nous avons choisi de faire suivre toutes les voyelles brèves de deux consonnes : **finna** (trouver) est transcrit *finna* ; **tack** (merci) est transcrit *takk*.

Quand une voyelle longue doit être particulièrement accentuée, nous l'avons dotée d'un accent circonflexe : **bra** (bien, bon) est transcrit *brâ*.

La voyelle qui porte l'accent principal est toujours soulignée (sauf dans les mots monosyllabiques). Voir aussi le chapitre *Accentuation* (page 7).

o	- long : donne le son *ou*. **ros** *rouss* (la rose). - bref : donne également le son *ou*. **hon** *hounn* (elle). - Parfois **o** est prononcé comme **å** (comme le o en français). **konst** *konnst* (art).

u	- long : se prononce comme le u français allongé, comme dans "huer". **hus** *hûss* (maison). - bref : il n'existe pas de vrai équivalent en français. Se rapproche du son *ou*, comme dans "doux". **tung** *tunng* (lourd).

y	Cette voyelle est assez difficile à prononcer et surtout à distinguer du **u**. Elle est à mi-chemin entre le *u* et le *i*. **y** long : **by** *bû* (village). **y** bref : **syster** *suster* (sœur).

å	- ô long, comme dans "pôle". **stål** *stôl* (acier). - o bref, comme dans "sol". **ånga** *onnga* (vapeur).

ä	se prononce *è*. Il est difficile de faire la distinction entre la voyelle longue et brève en ce qui concerne **ä** et **ö**, à moins de savoir déjà parler suédois... **bäst** *bèst* (le meilleur).

ö	se prononce *eu*. **öl** *eul* (bière).

N.B. : les lettres **a**, **e**, **i** se prononcent comme en français, mais sont tantôt plus longues, tantôt plus courtes.
Longue : **glas** (verre) se prononce *glâss*, **tak** (toit) se prononce *tâk*.
Brève : **glass** (glace) se prononce *glass*, **tack** (merci) se prononce *takk*.

Les consonnes

Presque toutes les consonnes se prononcent exactement de la même manière qu'en français :

c	- seul devant **e**, **i**, **y**, **ä** ou **ö**, il se prononce comme un "ç" français : **civil** se prononce *sivil*. - en revanche, devant **a**, **o**, **u**, **å**, il se prononce "k" : **Carl** se dit *Karl*.
h	doit être vigoureusement marqué (aspiré). Les Suédois font donc une distinction entre la prononciation des noms **Anna** et **Hanna**.
j	se prononce *y* comme dans le mot français "rayer" (jamais comme le j français de "**j**uge" !)
r	on le roule dans la plus grande partie de la Suède ainsi qu'en Finlande. Dans le sud de la Suède, la prononciation du **r** ressemble à celle du "r" français.
s	se prononce toujours *ss*. **Dosa** (boîte) se dit *doussa*.

w	n'apparaît que dans d'anciens noms. Se prononce comme le v de "**v**oisin".

x	est très rare. Comme dans e**x**cellent.

z	équivaut exactement à la lettre **s**, c'est-à-dire au son *ss*.

Ne manquent que **k** et **g**, deux consonnes dont la prononciation est compliquée.

k	- devant **a**, **o**, **u**, **å** et les consonnes, il se prononce *k* : **kan** *kann* (peut). - devant **e**, **i**, **y**, **ä**, **ö**, il se prononce *ch* : **Kina** *chîna* (Chine).

g	- devant **a**, **o**, **u**, **å** et consonne, il se prononce comme un g "dur", comme dans "gâteau" : **gås** *gôs* (oie). - devant **e**, **i**, **y**, **ä**, **ö**, il se prononce comme *y* dans "payer" : **göra** *yeura* (faire).

Combinaisons de lettres

La langue suédoise possède des sons bien spécifiques associés à certaines combinaisons de lettres.

skj, **sj**, **stj**	se prononcent *sch*, d'un "sch" assez doux, pour lequel beaucoup d'air est expiré. **sjö** *scheu* (lac).

sk	devant **e**, **i**, **y**, **ä**, **ö**, il se prononce de la même manière que ci-dessus. **sked** *schèd* (cuillère).

ti	dans les mots d'origine étrangère, cette syllabe se prononce aussi *sch*. **station** *staschoun* (gare).

tj et **kj**	deviennent *ch*, prononcé en "souriant" (c'est-à-dire lèvres plus étirées, comme pour sourire). Ils se prononcent donc de la même manière que **k** devant **e**, **i**, **y**, **ä**, **ö**. **tjäna** *chèna* (servir).

Les Suédois roulent légèrement le **r** sur le bout de la langue. Notez toutefois que quand le **r** est associé au **s**, le son issu de cette liaison est *sch* : **borste** *boschtè* = brosse. Cette liaison se fait souvent lorsque les lettres se trouvent à la fin d'un mot et au début du suivant.

Accentuation

Les Suédois semblent "chanter" quand ils parlent leur langue. Fortement rythmée, la mélodie de la langue suédoise est en effet ce qu'il y de plus difficile à maîtriser pour des étrangers. Il n'y a malheureusement pas de règles faciles à ce sujet. Voici néanmoins quelques indications qui simplifieront votre apprentissage.

L'accentuation peut prendre deux formes : soit le mot ne comporte qu'une seule accentuation, soit il en a deux, dont l'une est plus fortement marquée. Dans ce cas, l'accentuation principale porte généralement sur la première syllabe, et l'on remarque une seconde accentuation plus faible.

Bien évidemment, les mots monosyllabiques ne comportent qu'un seul accent. Sachez aussi que les mots dont la première syllabe est accentuée comportent presque toujours une accentuation secondaire. En revanche, les mots à plusieurs syllabes dont la première syllabe n'est pas accentuée ne comportent pas d'accentuation secondaire, seulement l'accentuation principale.

Exemples :

- Le mot comporte un seul accent :
  vän *vèn* (ami)
  Lappland *laplannd* (Laponie)

- Le mot a deux accents :
  gammal *gammal* (vieux)
  konstnär *konnstnèr* (artiste)

(Le deuxième **a** de **gammal** et le **ä** de **konstnär** sont légèrement moins accentués que la première syllabe.)

Dans la transcription phonétique, nous indiquons l'accentuation principale en soulignant la voyelle la plus accentuée, sauf lorsqu'il s'agit de mots monosyllabiques.

CINQ MOTS UTILES

förlåt	*feu(r)lôt*	pardon
är det...?	*èr dé*	est-ce que c'est... ?
får man...?	*fôr mann*	puis-je... ?
finns det...?	*finns dé*	est-ce qu'il y a... ?
tack	*takk*	merci

Förlåt vous permettra de commencer une conversation et **tack** de la terminer. Mais nous reviendrons là-dessus plus tard.

L'ORDRE DES MOTS

Essayez de construire des phrases aussi courtes que possible. Non seulement vous aurez moins de problèmes à vous exprimer clairement, mais en plus vous serez sûr de transmettre une information compréhensible à votre interlocuteur. L'ordre des mots en suédois n'est pas tout à fait semblable à celui du français : il faut veiller à ce que le verbe arrive toujours en deuxième place dans la phrase principale, affirmative ou négative.

Jag köper ett bröd i affären.
yâ cheupér ett breud i affèrenn
J'achète un pain dans le magasin.

(Dans **jag**, le "g" ne se prononce pas la plupart du temps.)

I affären köper jag ett bröd.
i affèrenn cheupér yâ ett breud
dans le-magasin achète je un pain
J'achète un pain dans le magasin.

Jag åker till Sverige i morgon.
yâ ôker till Sfèryeu i mor(g)onn
Je pars en Suède demain.

I morgon åker jag till Sverige.
i mor(g)onn ôker yâ till Sfèryeu
demain pars je en Suède
Demain, je pars en Suède.

L'ordre de la phrase ne suit donc pas la règle française "sujet-verbe-complément d'objet".

Les règles concernant l'ordre des mots dans les subordonnées sont beaucoup plus complexes. Observez quand même ces deux types de phrases :

När jag var ung, bodde jag i Sverige.
nèr yâ vâr unng, bouddé yâ i Sfèryeu
quand j'étais jeune, habitais je en Suède
Quand j'étais jeune, j'habitais en Suède.

Han sade att han bodde där.
hann sâ att hann bouddé dèr
il a dit que il habitait là-bas
Il a dit qu'il habitait là-bas.

Pour les phrases interrogatives, reportez-vous au chapitre *Poser des questions*.

LES SUBSTANTIFS

Le genre

Il n'existe que deux genres :

- le genre non-neutre, caractérisé par l'article indéfini **en** (*enn*) :
  en bil
  enn bîl
  une voiture

- le genre neutre, caractérisé par l'article indéfini **ett** (*ett*) :
  ett hus
  ett hûss
  une maison

Du fait que le genre des mots en français est différent de celui des mots suédois, vous avez tout intérêt à retenir chaque mot avec son genre.

L'article

Nous venons de voir en quoi consiste l'article indéfini (**en** ou **ett**), mais comment dit-on **la** voiture ou **la** maison ? On ajoute tout simplement **-en** ou **-et** à la fin du mot et on obtient ainsi l'article défini.

bil *bîl* voiture	→	**bil*en*** *bîlenn* la voiture	**hus** *hûss* maison	→	**hus*et*** *hûssett* la maison

Si le substantif se termine par une voyelle, on ajoute simplement un **-n** ou un **-t**.

en blomma *enn bloumma* une fleur	→	**blomman** *bloummann* la fleur
ett foto *ett foutou* une photo	→	**fotot** *foutoutt* la photo

Le pluriel

Le pluriel est assez compliqué, mais, à l'aide des règles suivantes, vous pourrez créer la forme correcte pour la plupart des mots.

- Les noms non-neutres (article : **en**) qui se terminent par **-a**, se terminent au pluriel par **-or** :

en vecka	*enn vèkka*	une semaine
veck*or*	*vèkkour*	des semaines

• Les noms non-neutres (**en**) qui se terminent par **-ing**, ainsi que de nombreux mots monosyllabiques de type **en**, se terminent au pluriel par **-ar** :

en tidning	*enn tîdninng*	un journal
tidning*ar*	*tîdninngar*	des journaux

• Les noms non-neutres (**en**) de deux syllabes et qui se terminent par **-e**, **-el**, **-er** se terminent également par **-ar** au pluriel :

en pojke	*enn pôyké*	un garçon
pojk*ar*	*pôykar*	des garçons

(N.B. : le **-e** de **pojke** disparaît au pluriel)

• Les noms non-neutres (**en**) avec accent sur la dernière syllabe prennent **-er** au pluriel :

en fabrik	*enn fabrîk*	une usine
fabrik*er*	*fabrîkeur*	des usines

• Les noms non-neutres (**en**) qui se terminent par **-are** n'ont pas de désinence au pluriel :

en arbetare	*enn arbétaré*	un ouvrier
arbetare	*arbétaré*	des ouvriers

• Les noms neutres (**ett**) avec accent sur la voyelle finale prennent **-er** au pluriel :

ett bageri	*ett bagueuri*	une boulangerie
bageri*er*	*bagueuriér*	des boulangeries

• Les noms neutres (**ett**) qui se terminent par une voyelle prennent **-n** au pluriel. Il ne faut surtout pas confondre ces mots avec des mots en article défini (qui ont donc **-en** à la fin) !

ett arbete	*ett arbété*	un travail
arbete*n*	*arbétenn*	des travaux

• Les noms neutres (**ett**) qui se terminent par une consonne n'ont pas de désinence au pluriel :

ett hus	*ett hûss*	une maison
hus	*hûss*	des maisons

• Pour le pluriel de l'article défini, on ajoute presque toujours **-na**. Les noms neutres (**ett**) se terminant par une consonne prennent **-en** au pluriel.

Voici la liste de nos exemples pour le pluriel des formes définies et non définies :

veckor	*vèkkour*	des semaines
veckorna	*vèkkourna*	les semaines
tidningar	*tidninngar*	des journaux
tidningarna	*tidninngarna*	les journaux
fabriker	*fabrîkeur*	des usines
fabrikerna	*fabrîkeurna*	les usines
bagerier	*bagueuriér*	des boulangeries
bagerierna	*bagueuriérna*	les boulangeries
arbeten	*arbétenn*	des travaux
arbetena	*arbétenna*	les travaux
hus	*hûss*	des maisons
husen	*hûssenn*	les maisons
arbetare	*arbétaré*	des ouvriers
arbetarna	*arbétarna*	les ouvriers

Comme vous pouvez le constater, tous les mots dont le pluriel se termine par **-or**, **-ar** ou **-er** sont non-neutres.

LES ADJECTIFS

Les adjectifs se déclinent selon le genre des substantifs qu'ils accompagnent. La forme de base des adjectifs est la même que celle des mots non-neutres (**en**, **-n**). Quand il accompagne un nom neutre (**ett**), il suffit le plus souvent d'ajouter **-t** à la fin de l'adjectif :

en fin bil	*enn fînn bîl*	une belle voiture
ett fint hus	*ett fînnt hûss*	une belle maison

Quand on forme le pluriel, le neutre et le non-neutre ont la même terminaison, **-a** :

fina bilar	*fîna bîlar*	de belles voitures
fina hus	*fîna hûss*	de belles maisons

Dans les phrases comme celles présentées dans les exemples suivants, il faut faire attention à la forme (définie ou non définie) du substantif auquel s'accorde l'adjectif.

Bilen är fin.
bîlenn èr fînn
La voiture est belle.

Huset är fint.
hûssett èr fînt
La maison est belle.

Bilarna är fina.
bîlarna èr fîna
Les voitures sont belles.

Husen är fina.
hûssenn èr fîna
Les maisons sont belles.

Pour la forme définie, c'est-à-dire **la** belle voiture, **la** belle maison, il faut ajouter **-a** à la fin de l'adjectif. Ceci est valable pour les deux genres, au singulier et au pluriel.

Mais il y a une autre difficulté : il ne suffit pas de postposer l'article au substantif (ajout de **-et** ou **-en**, par exemple). Il faut également mettre un article *devant* l'adjectif. Ceci s'appelle un double article.

den fina bilen *denn fi̲na bi̲lenn* la belle voiture	**det fina huset** *dé fi̲na hû̲ssett* la belle maison

Les deux genres prennent **de** comme article au pluriel :

de fina bilarna *domm fi̲na bi̲larna* les belles voitures	**de fina husen** *domm fi̲na hû̲ssenn* les belles maisons

Liten *litenn* ("petit") est un adjectif courant, mais extrêmement irrégulier.

en liten bil	*enn li̲tenn bi̲l*	un petite voiture
ett litet hus	*ett li̲tett hûss*	une petite maison
den lilla bilen	*denn li̲lla bi̲lenn*	la petite voiture
det lilla huset	*dé li̲lla hû̲ssett*	la petite maison
de små bilarna	*domm smô bi̲larna*	les petites voitures
de små husen	*domm smô hû̲ssenn*	les petites maisons

Certains adjectifs importants ne se déclinent pas, par exemple :

bra	*brâ*	bien
extra	*e̲xtra*	supplémentaire
gratis	*grâ̲tiss*	gratuit

Comparatif et superlatif

La plupart des adjectifs sont modifiés de la manière suivante : on ajoute **-are** à l'adjectif pour le compartif, et **-ast** pour le superlatif.

fin	*fînn*	beau / belle
finare	*fi̲naré*	plus beau / belle
finast	*fi̲nast*	le plus beau / la plus belle

Les comparatifs et superlatifs des adjectifs suivants sont irréguliers :

dålig (mal) *dôligue*	**sämre** *sèmmré*	**sämst** *sèmmst*
dålig (mauvais) *dôligue*	**värre** *vèrré*	**värst** *vèscht*
god (bien) *goud*	**bättre** *bèttré*	**bäst** *bèst*
god (bon) *goud*	**godare** *goudaré*	**godast** *goudast*
gammal (vieux) *gammal*	**äldre** *èldré*	**äldst** *èldst*
liten (petit) *lîtenn*	**mindre** *minndré*	**minst** *minnst*
många (nombreux) *mônga*	**fler** *flér*	**flest** *flèst*

Certains comparatifs et superlatifs sont formés à l'aide de **mera** et **mest** (plus et le plus) :

typisk *tupisk* typique	→	**mera typisk** *méra tupisk* plus typique	→	**mest typisk** *mèst tupisk* le plus typique

Cela peut également être une manière de contourner les déclinaisons que vous ne maîtrisez pas encore ! Pour le superlatif, il faut parfois ajouter **-e** :

den finaste bilen
denn fînasté bîlenn
la plus belle voiture

mais : **Bilen är finast.**
bîlenn èr fînast
La (cette) voiture est la plus belle.

LES COULEURS

en färg	*enn fèrye*	une couleur
vit	*vîtt*	blanc
svart	*sva(r)tt*	noir
röd	*reud*	rouge
grön	*greunn*	vert
gul	*gûl*	jaune
blå	*blô*	bleu
rosa	*roussa*	rose
brun	*brûnn*	marron, brun
violett	*violètt*	violet
grå	*grô*	gris
orange	*oransch*	orange
ljus(are)	*yûss(aré)*	(plus) clair
mörk(are)	*meurk(aré)*	(plus) foncé

LES ADVERBES

Si l'on veut créer des adverbes à partir des adjectifs, il suffit d'ajouter **-t**. Cette construction est semblable à celle des adjectifs neutres – du genre **ett** – (voir aussi page 14).

Han har en	**ovanlig,**	**viktig**	**fråga.**
hann har enn	*ouvannligue,*	*viktigue*	*frôga*
il a une	particulière,	importante	question

Il a une question particulière, (et) importante.

Han har en	**ovanligt**	**viktig**	**fråga.**
hann har enn	*ouvannlitt*	*viktigue*	*frôga*
il a une	particulièrement	importante	question

Il a une question particulièrement importante.

LES PRONOMS PERSONNELS

• **Sujets**

jag	*yâ*	je
du	*du*	tu
han	*hann*	il
hon	*hounn*	elle
den/det	*denn/dé*	il/elle
vi	*vî*	nous
ni	*nî*	vous
de	*domm*	ils/elles

• **Compléments**

mig	*mèy*	me/moi
dig	*dèy*	te/toi
honom	*honnomm*	le/lui/à lui
henne	*henné*	la/lui/à elle
den/det	*denn/dé*	le/lui, à lui/à elle
oss	*oss*	nous/à nous
er	*ér*	vous/à vous
dem	*domm*	leur/à eux

Les pronoms personnels sont employés de la même manière en suédois qu'en français. La formule de politesse (très rarement utilisée) exige par exemple, comme en français, un vous (**ni**). Voir aussi le chapitre *S'adresser à quelqu'un*.

LES PRONOMS POSSESSIFS

Tantôt ils dépendent du genre du substantif, tantôt ils sont invariables. On peut les employer comme adjectifs sans changer de forme.

	le mien	le tien	le sien (*masc.*)	le sien (*fém.*)
Non-neutre (**en**)	**min** *minn*	**din** *dinn*	**hans** *hannss*	**hennes** *hennèss*
Neutre (**ett**)	**mitt** *mitt*	**ditt** *ditt*	**hans** *hannss*	**hennes** *hennèss*
Pluriel (**en** + **ett**)	**mina** *mîna*	**dina** *dîna*	**hans** *hannss*	**hennes** *hennèss*

	le nôtre	le vôtre	le leur
Non-neutre (**en**)	**vår** *vôr*	**er** *ér*	**deras** *dérass*
Neutre (**ett**)	**vårt** *vort*	**ert** *ért*	**deras** *dérass*
Pluriel (**en** + **ett**)	**våra** *vôra*	**era** *éra*	**deras** *dérass*

LES VERBES

Il existe 4 groupes de verbes distincts. S'y ajoutent quelques verbes irréguliers. La difficulté principale consiste à trouver le groupe auquel appartient le verbe. Opter pour le 1er groupe s'avère en général fondé : en effet, la moitié de tous les verbes suédois en font partie. Dans les lexiques, l'infinitif est toujours suivi de sa terminaison au présent ou, lorsque le verbe est irrégulier, des trois formes conjuguées.

Et maintenant, une nouvelle réjouissante : pour un mode et un temps de conjugaison donné, la même forme verbale est valable à toutes les personnes.

jag arbetar	*yâ arbétar*	je travaille
du arbetar	*du arbétar*	tu travailles
han arbetar	*hann arbétar*	il travaille
vi arbetar	*vî arbétar*	nous travaillons
ni arbetar	*nî arbétar*	vous travaillez
de arbetar	*domm arbétar*	ils travaillent

JAG ARBETAR.
(je travaille.)

Pour conjuguer les verbes appartenant aux **groupes 1** à **3**, on ajoute une terminaison au radical du verbe.

On reconnaît le **groupe 4** à ses verbes soumis au phénomène appelé "variation vocalique" : la voyelle du radical change selon le temps de conjugaison.

Le tableau suivant illustre la conjugaison des 4 groupes. Il faut faire attention au fait que le radical du verbe n'est pas toujours constitué par l'infinitif, mais par l'impératif. Nous avons choisi de séparer la terminaison et le radical par un trait d'union.

Groupe	*1*	*2a*	*2b**	*3*	*4*
	travailler	fermer	réfléchir	croire	écrire
Impératif	**arbeta!**	**stäng!**	**tänk!**	**tro!**	**skriv!**
	arbéta	*stenng*	*tennk*	*trou*	*skrîv*
Infinitif	**arbeta**	**stäng-a**	**tänk-a**	**tro**	**skriv-a**
	arbéta	*stennga*	*tennka*	*trou*	*skrîva*

Présent	**arbeta-r** *arbétar*	**stäng-er** *stenngueur*	**tänk-er** *tennkeur*	**tro-r** *trour*	**skriv-er** *skrîveur*
Prétérit	**arbeta-de** *arbétadé*	**stäng-de** *stenngdé*	**tänk-te*** *tennkté*	**tro-dde** *troudé*	**skrev** *skrév*
Participe passé	**arbeta-t** *arbétatt*	**stäng-t** *stenngt*	**tänk-t** *tennkt*	**trott** *troutt*	**skrivit** *skrîvitt*

* Dans le groupe 2b, le radical se termine par **k**, **p**, **s**, **t** et prend **-te** au prétérit.

Dans le groupe 4, il y a donc un changement de voyelle. Les variations vocaliques les plus courantes sont les suivantes :

i →	**e** →	**i** (i long, e long)
skriver *skrîveur*	**skrev** *skrév*	**skrivit** *skrîvitt*
écris	écrivais	écrit

i →	**a** →	**u** (voyelles courtes)
dricker *drikkeur*	**drack** *drakk*	**druckit** *drukkitt*
bois	buvais	bu

u →	**ö** →	**u**
bjuder *byudeur*	**bjöd** *byeud*	**bjudit** *byuditt*
offre	offrais	offert

y →	**ö** →	**u**
flyger *flugueur*	**flög** *fleug*	**flugit** *fluguitt*
vole	volais	volé

LES TEMPS

Grâce aux formes que vous venez d'apprendre, vous pouvez déjà conjuguer les verbes à certains temps. Mais il vous manque les temps composés : le parfait (= présent achevé) et le plus-que-parfait (= passé achevé). En suédois, ceux-ci sont toujours construits au moyen du verbe **ha**, avoir. L'auxiliaire être ne sera donc jamais employé, contrairement au français. Ainsi "Je suis allé" se dit **Jag *har* gått**.

Parfait :

Jag *har* arbetat.
yâ hâr arbétatt
J'ai travaillé.

Plus-que-parfait :

Jag *hade* arbetat.
yâ haddé arbétatt
J'avais travaillé.

Les Suédois utilisent le prétérit pour *tout* acte qui appartient au passé et ne se poursuit pas dans le présent. Par exemple :

Igår kunde han inte sova.
igôr kunndé hann innteu sôva
Hier, il n'a pas pu dormir.

Han kunde aldrig sova.
hann kunndé aldri sôva
Il ne pouvait jamais dormir.

Ils utilisent parfois le parfait, pour une action commencée dans le passé qui dure encore. Le parfait peut aussi exprimer une action répétée. Par exemple :

Den här journalisten har arbetat på Dagens Nyheter sedan 20 år.
denn hèr schournalistenn hâr arbétatt po Daguenns Nuhétér sédann chugo ôr
Ce journaliste travaille pour Dagens Nyheter (quotidien suédois) depuis 20 ans.

Det har regnat hela dagen.
dé hâr règnnatt héla dâgen
Il a plu toute la journée.

Jag har ofta läst hennes böcker.
yâ hâr ofta lèst hénnéss beukker
J'ai souvent lu ses livres (à elle).

Le futur peut être exprimé de plusieurs manières. L'une des possibilités consiste à utiliser l'auxiliaire **ska** avec l'infinitif, l'autre le verbe **komma** (venir) au présent et l'infinitif du verbe principal :

Jag ska åka till Sverige.
yâ ska ôka till Sfèryeu
Je vais partir en Suède.

Jag kommer att åka till Sverige.
yâ kômeur att ôka till Sfèryeu
Je vais partir en Suède.

Il est aussi possible d'utiliser le présent avec un indicateur temporel, comme nous le faisons en français.

I morgon åker jag till Sverige.
i mor(g)onn ôkeur yâ till Sfèryeu
Demain, je pars en Suède.

LA FORME PASSIVE

Il y a deux façons d'exprimer le passif en suédois. La plus courante est d'ajouter un **-s** au radical du verbe :

Jag hämtas.
yâ hèmtass
On vient me chercher.

Pour les temps du passé, on ajoute **-s** à la forme active du prétérit :

Jag hämtades.
yâ hèmtadéss
On est venu me chercher.

On peut aussi construire le passif avec les formes des auxiliaires **bli** *blî* (devenir) et **vara** *vâra* (être) + participe passé.

Pojken blev skadad.	**Pojken var skadad.**
poykenn blév skâdad	*poykenn vâr skâdad*
Le garçon a été blessé.	Le garçon a été blessé.

Le passif avec **bli** met l'accent sur le déroulement de l'action, tandis que le passif avec **vara** met l'accent sur son résultat.

Jag ska bli hämtad. *yâ ska blî hèmtad*	On va venir me chercher.
Jag blir hämtad. *yâ blîr hèmtad*	On viendra me chercher.
Jag blev hämtad. *yâ blév hèmtad*	On est venu me chercher.

JAG BLEV HÄMTAD.
(On est venu me chercher.)

ÊTRE ET AVOIR

vara	*vâra*	être
jag är	*yâ èr*	je suis
jag var	*yâ vâr*	j'étais
jag har varit	*yâ hâr vâritt*	j'ai été
jag ska vara	*yâ ska vâra*	je serai

ha	*hâ*	avoir
jag har	*yâ hâr*	j'ai
jag hade	*yâ haddeu*	j'avais
jag har haft	*yâ hâr haft*	j'ai eu
jag ska ha	*yâ ska hâ*	j'aurai

Ces formes verbales sont valables à toutes les personnes. Pour construire le parfait et le plus-que-parfait, on utilise toujours l'auxiliaire **ha**. Vous direz par exemple :

Jag har kommit.
yâ hâr komitt
Je suis venu(e).

LES CONJONCTIONS

Les conjonctions sont utilisées de la même manière qu'en français.

och	*okk / o*	et
men	*menn*	mais
sedan	*sédann*	puis, alors
eller	*élleur*	ou
när	*nèr*	quand
innan	*inann*	avant que
sedan, efter att	*sédann, èfter att*	après que
medan	*médann*	pendant que
fast(än), trots att	*fast(ènn), trotss att*	bien que
därför	*dèrfeur*	pour cela, parce que, c'est pourquoi (plus courant qu'**eftersom**)
eftersom	*eftéschomm*	puisque, parce que
om	*omm*	si, au cas où

LES PRÉPOSITIONS

i	*i*	à, en (espace)
till, i	*till, i*	à, en (direction)
i, på	*i, pô*	à (temps)
med	*mé(d)*	avec
utan	*ûtann*	sans
av	*âv*	de ; par
sedan	*sédann*	depuis
före, framför	*feuré, framfeur*	avant (espace)
före	*feuré*	avant (temps)
efter	*èfter*	après (espace)
efter, när	*èfter, nèr*	après (temps)
på	*pô*	sur
under	*unnder*	sous
bakom	*bâkom*	derrière
framför	*framfeur*	devant
under, i	*unnder, i*	pendant, durant
i, på	*i, pô*	dans (espace)
i, in i, till	*i, inn i, til*	dans (direction)
under, i, på	*unnder, i, pô*	dans (temps)
hos	*houss*	chez
mot	*moutt*	contre
vid sidan om	*vi sidann om*	à côté de
mellan	*mèlann*	entre
för	*feur*	pour

Jag bor i Bryssel.
yâ bour i Brussel
J'habite à Bruxelles.

Hon är i Norge.
hounn èr i Noryè
Elle est en Norvège.

Vi reser till Malmö.
vî réseur til Malmeu
Nous voyageons à Malmö.

De åker till Tyskland.
dom ôker til Tussklannd
Ils vont en Allemagne.

i april
i april
en avril

på sommaren
pô somarèn
en été

POSER DES QUESTIONS

Les phrases interrogatives se construisent de la même manière en suédois qu'en français : on change tout simplement l'ordre des mots dans la phrase.

Du går till affären.
du gôr till affèrenn
Tu vas au magasin.

Går du till affären?
gôr du till affèrenn
Vas-tu au magasin ?

Quand une question commence par un pronom interrogatif, la construction est aussi la même qu'en français.

vem?	*vemm*	qui ?
vad?	*vâ*	quoi ?, que ?
var?	*vâr*	où ? (sans mouvement)
vart?	*vart*	où ? (avec mouvement)
när?	*nèr*	quand ?
hur?	*hûr*	comment, de quelle manière ?

Var är du?
vâr èr du
Où es-tu ?

Vart går du?
vart gôr du
Où vas-tu ?

Hur länge stannar du?
hur lenngué stannar du
Combien de temps restes-tu ?

Vad är det?
vâ èr dé
Qu'est-ce que c'est ?

Vem är det?
vemm èr dé
Qui est-ce ?

OUI ET NON

À une question telle que :

Åker du tåg till Stockholm?
ôker du tôg till Stokkholm
Pars-tu à Stockholm en train ?

on répond par :

Ja, det gör jag.
ya, dé yeur yâ
Oui, je le fais.

ou bien

Nej, det gör jag inte.
nèy, dé yeur yâ innteu
Non, je ne le fais pas.

ou encore :

Jag åker inte tåg till Stockholm.
yâ oker innteu tôg till Stokkholm
Je ne pars pas à Stockholm en train.

Dans les propositions principales, la négation **inte** suit le premier verbe :

Jag kan *inte* åka bil till Stockholm.
yâ kann innteu ôka bîl till Stokkholm
Je ne peux pas partir à Stockholm en voiture.

Dans les subordonnées, **inte** le précède :

Han säger att han *inte* kan åka bil till Stockholm.
hann sèyeur att hann innteu kann ôka bîl till Stokkholm
Il dit qu'il ne peut pas partir à Stockholm en voiture.

Les adverbes suivants, et ce ne sont pas les seuls, obéissent aux mêmes règles de placement dans la phrase que **inte** :

gärna	*yèrna*	avec plaisir
bara	*bâra*	seulement
säkert	*sèkeurt*	sûrement
aldrig	*aldri*	jamais
alltid	*allti*	toujours
alltså	*alltso*	donc
möjligtvis	*meuylittvîs*	peut-être

Pour les phrases négatives, vous pouvez également utiliser les mots suivants :

ingen	*innguenn*	aucun, personne
inte heller	*innteu hèlleur*	non plus
ingenting	*innguenntinngue*	rien
varken... eller	*varkenn... elleur*	ni... ni

1, 2, 3... LE COMPTE EST BON !

0	**noll**	*noll*	10	**tio**	*tîyo*
1	**en, ett***	*enn, ett*	11	**elva**	*éllva*
2	**två**	*tvô*	12	**tolv**	*tolv*
3	**tre**	*tré*	13	**tretton**	*tré-tonn*
4	**fyra**	*fûra*	14	**fjorton**	*fyour-tonn*
5	**fem**	*fèm*	15	**femton**	*femm-tonn*
6	**sex**	*sex*	16	**sexton**	*sex-tonn*
7	**sju**	*schû*	17	**sjutton**	*schu-tonn*
8	**åtta**	*otta*	18	**arton**	*âr-tonn*
9	**nio**	*nîyo*	19	**nitton**	*ni-tonn*

* On utilise **en** ou **ett** selon le genre du substantif.

20	**tjugo**	*chûgo*	
21	**tjugoen/-ett**	*chugo-enn/-ett*	
22	**tjugotvå**	*chugo-tvo*	
23	**tjugotre**	*chugo-tré*	(etc.)

30	**trettio**	*tré-tiou*
40	**fyrtio**	*feur-tiou*
50	**femtio**	*femm-tiou*
60	**sextio**	*sex-tiou*
70	**sjuttio**	*schu-tiou*
80	**åttio**	*ott-tiou*
90	**nittio**	*ni-tiou*
100	**(ett)hundra**	*(ett)hounndra*
101	**(ett)hundraen/-ett**	*(ett)hounndra enn/-ett*
200	**tvåhundra**	*tvô-hounndra*
1 000	**(ett)tusen**	*(ett)tussenn*
2 000	**tvåtusen**	*tvô-tussenn*

Les nombres "composés" se construisent dans le même ordre qu'en français : millier - centaine - dizaine - unité.

Du premier au dernier

1er	**första**	*feu(r)schta*	11e	**elfte**	*ellfté*
2e	**andra**	*anndra*	12e	**tolfte**	*tolfté*
3e	**tredje**	*trédyé*	13e	**trettonde**	*trétonndé*
4e	**fjärde**	*fyèrdé*	14e	**fjortonde**	*fyourtonndé*
5e	**femte**	*femmté*	15e	**femtonde**	*femmtonndé*
6e	**sjätte**	*schètté*	16e	**sextonde**	*sextonndé*
7e	**sjunde**	*schunndé*	17e	**sjuttonde**	*schuttonndé*
8e	**åttonde**	*ottonndé*	18e	**artonde**	*ârtonndé*
9e	**nionde**	*nîyonndé*	19e	**nittonde**	*nitonndé*
10e	**tionde**	*tîyonndé*	20e	**tjugonde**	*chugonndé*

21e	**tjugoförsta**	*chugofeu(r)schta*
22e	**tjugoandra**	*chugoanndra*
30e	**trettionde**	*trettyonndé*
40e	**fyrtionde**	*feurtyonndé*
50e	**femtionde**	*femmtyonndé*
60e	**sextionde**	*sextyonndé*

70e	**sjuttionde**	*schuttyonndé*
80e	**åttionde**	*ottyonndé*
90e	**nittionde**	*nittyonndé*
100e	**hundrade**	*hounndradé*
1001e	**hundraförsta**	*hounndrafeu(r)schta*

le/la dernier(e) : **siste/a** *sista*

LES INDICATIONS DE TEMPS

igår	*igôr*	hier
idag	*idâg*	aujourd'hui
i morgon	*i mor(g)onn*	demain
på morgonen	*pô mor(g)onenn*	le matin
på eftermiddagen	*pô efteurmiddâguenn*	l'après-midi
på kvällen	*pô kvèllenn*	le soir
en morgon	*enn mor(g)onn*	un matin
en eftermiddag	*enn efteurmidda*	un après-midi
en kväll	*enn kvèll*	un soir

en minut	*enn mînut*	une minute
en timme	*enn timmeu*	une heure
en dag	*enn dâg*	un jour
en natt	*enn natt*	une nuit
en vecka	*enn vèkka*	une semaine
en månad	*enn mônad*	un mois
ett år	*ett ôr*	un an

L'heure

Vad är klockan?
vâ èr klokkann
Quelle heure est-il ?

VAD ÄR KLOCKAN?
(Quelle heure est-il ?)

Klockan är fem.
klokkann èr femm
Il est cinq heures.

kvart över två
kvatt euvèr tvô
deux heures et quart

halv fem
halv femm
demie-cinq
quatre heures et demie

klockan ett
klokkann ett
une heure (13h)

tio i tre
tiyo i tré
trois heures moins dix

klockan tre (sans préposition !)
klokkann tré
à trois heures

prick (ett, två...) *prikk (ett, tvô...)*	(1h, 2h) pile, précise(s)
(vara) punktlig *(vâra) punktligue*	(être) ponctuel
i tid *i tîd*	à temps / à l'heure

(vara) försenad *(vâra) feurschénnad*	(être) en retard
(komma) för sent *(komma) feur schènnt*	(arriver) en retard
så snart som möjligt *sô snart som meuylitt*	au plus vite

La date

Contrairement au français, elle s'exprime à l'aide des adjectifs numéraux ordinaux (1er, 2e,...) et non pas cardinaux (1, 2,...).

den femte mars / den femte (i)* tredje
denn femmté ma(r)sch / denn femmté i trédyé
le cinquième mars / le 5e (jour) (du) 3e (mois)
le cinq mars

* le **i** se prononce mais ne s'écrit pas.

En Suède, la date s'écrit dans un ordre différent du français : 85 04 17 = 17. 04. 85 (17 juillet 1985).

Les mois et les saisons

januari	*yanuâri*	janvier
februari	*februâri*	février
mars	*ma(r)sch*	mars
april	*april*	avril
maj	*may*	mai
juni	*yûni*	juin
juli	*yûli*	juillet
augusti	*agusti*	août
september	*septemmber*	septembre
oktober	*oktouber*	octobre
november	*novemmber*	novembre
december	*dessemmber*	décembre

vår	*vôr*	printemps
sommar	*sommar*	été
höst	*heusst*	automne
vinter	*vinntèr*	hiver

Les jours de la semaine

måndag	*monnda*	lundi
tisdag	*tîssda*	mardi
onsdag	*ounssda*	mercredi
torsdag	*tou(r)schda*	jeudi
fredag	*fréda*	vendredi
lördag	*leurda*	samedi
söndag	*seunda*	dimanche

LES SALUTATIONS

God morgon!	*gou' mor(g)onn*	Bonjour ! ("bonne matinée")
God dag!	*gou' dâg*	Bonjour !
God afton!	*gou' aftonn*	Bonsoir !
God natt!	*gou' natt*	Bonne nuit !

Valable à tout moment du jour et de la nuit, la manière la plus informelle – et la plus courante – de saluer quelqu'un est : **Hej!** *(hèy)*. Ce mot correspond à notre "salut !", mais il peut même être utilisé par un chef d'entreprise et ses employés, dans un sens comme dans l'autre.

Hur mår du?
hur môr du
Comment vas-tu ?

Tack bra. / Dåligt.
takk brâ / dôlitt
Bien, merci. / Mal.

Och hur mår du själv?
okk hur môr du schèlv
Et toi-même ?

Det är bra.	*dé èr bra*	Ça va.
Mycket bra!	*mûkké bra*	Très bien !
Så och så.	*sô o sô*	Comme ci comme ça.
Mycket dåligt.	*mûkké dôlitt*	Très mal.
Jag mår inte bra.	*yâ môr innteu bra*	Je ne me sens pas bien.
Jag är trött.	*yâ èr treutt*	Je suis fatigué(e).
Mycket bättre.	*mûkké bèttré*	(Beaucoup) mieux.

Pour dire au revoir :

Adjö!	*ayeu*	Au revoir !
Hej då! / Hej!	*hèy dô*	Salut !, Bye-bye !

Vi ses i kväll!
vi séss i kvèll
À ce soir !

Vi hörs i morgon!
vi heusch i moronn
À demain !

Vi ses / hörs senare!
vi séss / heusch sénareu
À plus tard !

S'adresser à quelqu'un

En Suède, depuis une quarantaine d'années, la coutume s'est imposée de tutoyer tout le monde. Il existe néanmoins une formule de politesse. Pour vouvoyer quelqu'un, on utilise, comme en France, la deuxième personne du pluriel, **ni**. Ne vous étonnez donc pas si l'on s'adresse à vous par ce "**ni**". Mais, sachant que même le Premier ministre se fait tutoyer à la télévision, vous ne risquez pas d'être vouvoyé... Et vous pouvez sans crainte vous adresser à vos interlocuteurs avec **du**. Les titres "monsieur", " madame" et "mademoiselle" ne s'emploient pratiquement jamais en suédois.

Pour poser une question ou entamer une discussion, utilisez ces mots d'introduction :

Förlåt... / Ursäkta...
feurlôt / u(r)schèkta
Pardon... / Excusez-moi...

Kan du vara så snäll och...
kann du vâra so snèll o
Est-ce que tu pourrais...

URSÄKTA!

(Excusez-moi !)

PARLEZ-VOUS SUÉDOIS ?

Jag pratar / talar inte svenska.
yâ prâtar / tâlar innteu sfènnska
Je ne parle pas suédois.

Jag talar bara lite svenska.
yâ tâlar bara lîteu sfènnska
Je ne parle qu'un peu suédois.

Jag skulle vilja lära mig svenska.
yâ skulleu vilya lèra mèy sfènnska
Je voudrais apprendre le suédois.

Talar du franska / engelska?
tâlar du frannska / ennguelska
Parles-tu français / anglais ?

Jag förstår inte.
yâ feu(r)schtaur innteu
Je ne comprends pas.

Kan du säga det en gång till?
kann du sèya dé enn gonng till
Est-ce que tu peux répéter ?

Kan du hjälpa mig?
kann du yèlpa mèy
Est-ce que tu peux m'aider ?

Hur uttalar man det här?
hûr ûttalar mann dé hèr
Comment ça se prononce ?

Kan du skriva upp det?
kann du skriva upp dé
Est-ce que tu peux l'écrire ?

Tala inte så fort!
tâla innteu so fourt
Parle moins vite !

Tala långsamt!
tâla longsammt
Parle lentement !

Kan du tala lite långsammare?
kann du tâla lîteu lôngsammareu
S'il te plaît, est-ce que tu pourrais parler plus lentement ?

svenska	*sfènnska*	suédois
på svenska	*pô sfènnska*	en suédois
så klart!	*sô klârt*	bien sûr !
okej!	*okèy*	OK !
vad synd!	*va sunnd*	dommage !
verkligen?	*verkliguenn*	vraiment ?
bara	*bâra*	seulement
ännu	*ènnu*	encore, toujours
en gång till	*enn gonng till*	encore une fois
ja	*ya*	oui
nej	*nèy*	non
varsågod	*va(r)schogoud*	je t'/vous en prie

jag vet	*yâ vét*	je sais
jag vet inte	*yâ vét innteu*	je ne sais pas
det stämmer	*dé stèmmeur*	c'est correct

FAIRE CONNAISSANCE

Vad heter du?
va héteur du
Comment t'appelles-tu ?

Jag heter Kalle.
yâ héteur Kallé
Je m'appelle Kalle.

Var bor du?
vâr bour du
Où habites-tu ?

Jag bor i Lyon.
yâ bour î Lyon
J'habite Lyon.

Varifrån kommer du?
varîfronn kommeur du
D'où viens-tu ?

Jag kommer från Frankrike / Belgien / Schweiz / Kanada.
yâ kommeur fronn frannkrikeu / belguienn / schvéits / kanada
Je viens de France / Belgique / Suisse / du Canada.

Jag är fransman / fransyska.
yâ èr frannsmann / frannssusska
Je suis Français / Française.

belgare / belgiska *bèlgareu / bèlgiska*	Belge (*m./f.*)
schweizare / schweiziska *schvèitsareu / schvèitsiska*	Suisse / Suissesse
kanadensare / kanadensiska *kanadènnssareu / kanadènnssiska*	Canadien / Canadienne

VARIFRÅN KOMMER DU?

(D'où viens-tu ?)

Hur gammal är du?
hur gammal èr du
Quel âge as-tu ?

Jag är 29 år.
yâ èr chugo-niyo ôr
J'ai 29 ans.

Är du gift?
èr du yift
Tu es marié(e) ?

Jag är (inte) gift.
yâ èr (innteu) yift
Je (ne) suis (pas) marié(e).

Har du några barn?
har du nogra bârn
As-tu des enfants ?

Jag har inga barn.
yâ har innga bârn
Je n'ai pas d'enfants.

Jag har två barn.
yâ har tvô bârn
J'ai deux enfants.

en pojke / en flicka
enn poykeu / enn flikka
un garçon / une fille

La famille

Jag presenterar dig min / mina...
yâ présentérar dèy minn / minna
Je te présente mon / ma / mes…

Det här är min / mina...
dé hèr èr minn / mînna
Voici mon / ma / mes…

Trevligt att träffa dig / er.
trévlitt att trèffa dèy / ér
C'est bien de te / vous (*plu.*) rencontrer.

Jag är glad att träffa dig / er.
yâ èr glâd att trèffa dèy / ér
Je suis content(e) de faire ta / votre (*plu.*) connaissance.

Jag med!
yâ mé
Moi de même !

man / make	*mann / mâkeu*	mari / époux
fru / maka	*frû / mâka*	femme / épouse
pojkvän	*poykk-vènn*	petit ami
flickvän	*flikk-vènn*	petite amie
föräldrar	*feurèldrar*	parents
far, pappa	*fâr, papa*	père
mor, mamma	*mour, mama*	mère
barn	*bârn*	enfants
son / dotter	*sôn / dotter*	fils / fille
syskon	*susskonn*	frère(s) ou/et sœur(s)
bror	*brour*	frère
syster	*susster*	sœur
farföräldrar	*fâr-feurèldrar*	grands-parents paternels
morföräldrar	*mour-feurèldrar*	grands-parents maternels
farfar / farmor	*farfar / farmour*	grand-père/mère paternel(le)
morfar / mormor	*mourfar / mourmour*	grand-père/mère maternel(le)
barnbarn	*bârnbârn*	"petit-enfant" (fille ou garçon)

sonson / dotterson	*sônsôn / dotterschôn*	petit-fils (d'un fils/d'une fille)
sondotter / dotterdotter	*sôndotter / dotterdotter*	petite-fille (d'un fils/d'une fille)
farbror / faster	*farbrour / faster*	oncle / tante paternel(le)
morbror / moster	*mourbrour/ mouster*	oncle / tante maternel(le)
kusin	*kussînn*	cousin, cousine

Les professions

Vad arbetar du med?
va arbétar du méd
Tu travailles dans quoi ?

Jag är arbetare.
yâ èr arbétareu
Je suis ouvrier.

jordbrukare *you(r)d-brukareu*	agriculteur/-trice
hantverkare *hannt-vèrkareu*	artisan/e
bagare / bagerska *bâgareu / bâgèrschka*	boulanger/-ère
hårfrisör / hårfrisörska *hôr-friseur / hôr-friseurschka*	coiffeur/-euse
affärsinnehavare / handlare *afèrsch-innèhavareu / hanndlareu*	commerçant/e
lärare / lärarinna *lèrareu / lèrarinna*	enseignant/e
hemmafru *hèmma-fru*	femme au foyer
(stats)tjänsteman *(stats)-chènsteumann*	fonctionnaire
sjukskötare / sjuksköterska *schûk-scheutareu /schûk-scheuterschka*	infirmier/-ère
dataspecialist *dâta-spésialist*	informaticien

(civil)ingenjör *(sivil)-inschènyeur*	ingénieur
journalist *schournalist*	journaliste
mekaniker *mékânikeur*	mécanicien
fiskare *fisskareu*	pêcheur
pensionär *pannschoneur*	retraité/e
sekreterare *sékrétérareu*	secrétaire
tekniker *téknikeur*	technicien
expedit *expéditt*	vendeur/-euse
arbetslös *arbétsleuss*	sans emploi (chômeur/-euse)

Jag är anställd hos ett stort företag.
yâ èr annstèlld houss ett stourt feurétâgue
Je suis employé dans une grosse entreprise.

Jag går i skolan.
yâ gor i skoulann
Je suis à l'école.

Jag är student.
yâ èr studennt
Je suis étudiant.

Jag studerar.
yâ studérar
Je fais des études.

Jag läser...
yâ lèsseur
Je fais des études de...

medicin	*médsînn*	médecine
juridik	*yûridîk*	droit
statskunskap	*stats-kûnnskâp*	science politique
litteraturvetenskap	*littératûr-véténskâp*	science de la littérature
språk	*sprôk*	langues
arkitektur	*architèktûr*	architecture

LA MÉTÉO

Hur blir vädret idag?
hur blîr vèdrett îdâg
Quel temps fera-t-il aujourd'hui ?

Det blir vackert väder.
dé blîr vakkeurt vèdeur
Il fera beau.

Det blir dåligt väder.
dé blîr dôlitt vèdeur
Il ne fera pas beau. / Il fera mauvais.

Det är varmt / kallt / mycket kallt (idag).
dé èr varmt / kallt / mukké kallt (idâg)
Il fait chaud / froid / très froid (aujourd'hui).

moln	*môln*	nuage(s)
regn	*règn*	pluie
nederbörd	*nédér-beurd*	précipitations
hagel	*hâgel*	grêle
frost	*frost*	gel
snö	*sneu*	neige
vind	*vinnd*	vent
stark vind	*stark vinnd*	vent fort
dimma	*dimma*	brouillard
(snö)storm	*(sneu-)storm*	tempête (de neige)
uppehållsväder	*uppéholls-vèdèr*	éclaircie
sol	*soul*	soleil
midnattssol	*mîdnatts-soul*	soleil de minuit
norrsken	*nor-schénn*	aurore boréale
åska	*osska*	tonnerre
åskväder	*ossk-vèdèr*	orage
hetta	*hétta*	chaleur

Regnar det?
règnnar dé
Est-ce qu'il pleut ?

Snöar det?
sneuar dé
Est-ce qu'il neige ?

Finns det mycket snö?
finnss dé mukké sneu
Est-ce qu'il y a beaucoup de neige ?

Det blåser.
dé blôsser
Il y a du vent.

Det är halt.
dé èr hâlt
Ça glisse. / Il y a du verglas.

LES INVITATIONS

Si on vous invite à dîner, votre hôte se réjouira sans doute si vous lui faites cadeau d'une bouteille de vin (voir également le chapitre *Boissons*). Quand on arrive chez quelqu'un, il faut enlever ses chaussures à l'entrée. Telle est la coutume en Suède. Cela facilite le travail de la personne qui fait le ménage. Pour les soirées, les gens amènent une deuxième paire de chaussures.

Kan jag bjuda er på lunch / middag?
kann yâ byûda ér pô lunch / midda
Est-ce que je peux vous inviter à déjeuner / dîner ?

Kom och ta en kaffe / ett glas hos mig...
komm o ta enn kaffè / ett glâs houss mèy
Viens prendre un café / un verre chez moi…

i eftermiddag	*i èftèr-midda*	cet après-midi
i kväll	*i kvèll*	ce soir
i morgon	*i moronn*	demain

Tack, men jag är upptagen.
takk mènn yâ èr upptâguenn
Merci, mais je suis pris(e).

Gärna!
yè(r)na
Volontiers !

Jag ska hämta / hämtar dig klockan...
yâ ska hèmmta / hèmmtar dèy klokkann
Je viens te chercher à … heure(s).

Les remerciements

Les étrangers sont souvent frappés par le fait que les Suédois se remercient très souvent à tour de rôle. En cas d'invitation, il faut y veiller attentivement. Ainsi, quand votre hôte ou hôtesse vous propose quelque chose ou vous offre du café, moment-phare de l'hospitalité suédoise, n'hésitez pas à ponctuer votre réponse de nombreux "**tack**".

Kan jag bjuda på en kopp kaffe?
kann yâ byûda pô enn kopp kaffè
Je peux t'offrir un peu de café ?

Varsågod!
vârschogoud
Sers-toi ! / Servez-vous !

Vill du ha... / Tycker du om...?
vill du hâ / tukkeur du om
Veux-tu… / Aimes-tu… ?

ja tack	*ya takk*	oui, merci
nej tack	*nèy takk*	non, merci
tack så mycket	*takk sô mukké*	merci beaucoup
tack för maten	*takk feur mâtenn*	merci pour le repas

(Ja), tack, gärna!
(ya), takk, yè(r)na
(Oui) merci, volontiers !

(Nej tack), det är bra så.
(nèy, takk), dé èr brâ sô
(Non merci) c'est bon comme ça !

Tack för din gästfrihet!
takk feur dinn yèstfrihétt
Merci pour ton hospitalité !

Det var läckert!
dé vâr lèke(r)tt
C'était délicieux !

Det var jättegott!
dé vâr jèttègott
C'était super bon !

Jag måste gå nu.
yâ moste gô nu
Il faut que je m'en aille.

Vi träffas igen.
vi trèffass iyènn
On se reverra.

Vi ses.
vî séss
À bientôt.

Et la rencontre suivante donne lieu à de nouveaux remerciements :

Tack för senast!
takk feur sennast
Merci pour la dernière fois !

LES FÊTES

Les Suédois adorent faire la fête et ont de nombreuses fêtes traditionnelles qui nous sont complètement inconnues. Avec un peu de chance, vous aurez l'occasion d'y participer.

Jul - Noël

La fête de Noël (prononcez *yul*) est sans doute la plus importante et la plus grandiose de toute l'année. Dès les premiers jours de l'Avent, **advent**, *advènnt*, fin novembre, les maisons sont décorées avec des bougies, **stearinljus**, *stéarinn-yuss*. Le chandelier de l'Avent, couronné par quatre bougies, détient toujours la place d'honneur. Aujourd'hui, bon nombre de Suédois utilisent des bougies électriques qui restent allumées toute la nuit et qui, vues depuis la rue, constituent un charmant spectacle, car peu de gens ont des rideaux devant leur fenêtres en Suède.

La première date importante est le 13 décembre, la fête de Sainte Lucie, **Sankta Lucia** (*sankta lussia*) : tôt le matin, Sainte Lucie apparaît, la tête ceinte d'une couronne de bougies, et vêtue d'une longue chemise blanche. Elle est suivie d'une procession, également habillée tout en blanc, qui chante des chansons traditionnelles (**Luciasånger** *lussia-sonnguer*) et qui apporte du café et des gâteaux traditionnels, les **lussekatter** (*lussé-katteur*). C'est ainsi que les enfants réveillent leurs parents, les écoliers leur instituteur, les étudiants leurs professeurs... Ensuite, on fait la fête toute la journée. Les Sainte Lucie "officielles" et la Sainte Lucie nationale sont élues au cours de l'automne.

Noël est fêté d'une façon un peu païenne, avec beaucoup de chants et des danses autour du sapin. La nourriture est copieuse, et les plats traditionnels sont nombreux.

Sur la table de Noël, **julbord** (*yul-bourd*), le jambon de Noël, **julskinka** (*yul-schinnka*) est le plat principal. Ce jambon, assez salé, est d'abord cuit et ensuite mis au four, couvert d'un mélange de moutarde, de sucre, de chapelure et d'œuf. Certains préparent également la traditionnelle **julkorv** (*yul-korv*), saucisse de Noël. De plus, les Suédois mangent à cette occasion des harengs marinés, de la salade à base de hareng, des côtelettes de porc aux prunes, des boulettes de viande (**köttbullar** *cheutt-boullar*), entre autres.

Pour les Suédois, Noël s'achève à la Saint Knut, le 13 janvier.

Påsk - Pâques

Quelques semaines avant Pâques (*posk*), on décore la maison avec des petites branches auxquelles sont attachées des plumes de couleurs vives. On peint des œufs (**ägg**, *èg*) pour la fête, mais il n'y a pas de lapin de Pâques. Les enfants reçoivent des œufs remplis de bonbons (**godis**, *goudiss*).

Första maj - 1er mai

Comme en France, le 1er mai (*feu(r)schta may*) est en Suède la Fête du Travail et des travailleurs, avec ses manifestations et ses discours officiels.

Mais c'est également le moment où l'hiver cède la place au printemps. La veille au soir, au cours de **Valborgmässoafton** (*vâlborys-mèssou-aftonn*), on célèbre la fête de Walpurgis, avec des feux de joie (**bål**, *bôl*) et des chants de printemps (**sånger**, *sônnguer*).

La nuit du 1er mai est aussi l'occasion d'une grande fête pour les étudiants, particulièrement dans les vieilles villes universitaires comme Uppsala et Lund. Dans ces villes, on peut assister à des discours d'honneur officiels (**tal**, *tâl*) et à des "concerts de printemps" (**konserter**, *konnsèrer*) auxquels participent les chorales universitaires (**studentkör**, *studènnt-ker*) ; ces concerts sont parfois retransmis à la radio et à la télé. Les étudiants mettent la casquette blanche (**studentmössa**, *studènnt-meussa*) qu'ils ont reçue pour leur baccalauréat et partent faire la fête toute la nuit, dans cette "nuit qui dure du dernier jour d'avril jusqu'au deux mai".

Midsommar - La Saint-Jean

Midsommmar (*midsommar*) est la fête la plus importante de l'été. À l'origine, elle était célébrée le 24 juin (la Saint-

Jean), mais il a été décidé de la reporter au samedi le plus proche. **Midsommar** est tout particulièrement honoré en **Dalarna** (*Dâlarna*, la Dalécarélie).

En réalité, la fête principale a lieu la veille, **Midsommarafton** (*midsommar-aftonn*, veille de la Saint-Jean). Une espèce de croix est couverte de guirlandes de feuilles et de fleurs, tous chantent des chansons, parfois les mêmes qu'à Noël, et l'on danse autour de ce "poteau de la Saint-Jean" (**majstången**). Nombreux sont ceux qui revêtent leurs costumes folkloriques. La fête est censée durer jusqu'à l'aube de **Midsommar**.

À l'occasion de ces fêtes et célébrations, on ne se contente pas de boire : il existe en Suède des centaines de chansons de banquets, et chaque fois que l'on boit ou que l'on trinque, il faut en chanter une.

Si vous êtes en Suède durant le mois d'août, vous pourrez retrouver ce genre d'ambiance lors d'un **kräftskiva** (*krèft-schîva*), fête au cours de laquelle on mange des écrevisses (**kräftor**) et l'on boit beaucoup d'alcool.

DIVERTISSEMENTS ET ACTIVITÉS CULTURELLES

Un divertissement estival bien suédois consiste à aller dans un **Folkets park** (*folketts park*), un "jardin de divertissement populaire". Ces parcs existent dans beaucoup de petites villes, et servent de cadre à des pièces de théâtre, des concerts et autres spectacles. La plupart des petites et grandes vedettes suédoises font des tournées dans les **Folkparker** (*folkparkeur*) durant l'été.

teater	*téâter*	théâtre
opera	*oupèra*	opéra
balett / dans	*balètt / dannss*	ballet / danse

konsert	*konssèr*	concert
musik	*mussik*	musique
bio	*bîo*	cinéma
biljett	*bilyètt*	billet, ticket
inträdesavgift	*inntrèdés-avyift*	(prix) d'entrée
vuxna	*vuxna*	adultes
barn	*bârn*	enfants
bokning	*boukningue*	réservation
utsåld, fullbokad	*ûtsold, fullboukad*	complet

Finns det biljetter kvar för i kväll / till kvällens föreställning?
finnss dé bilyètteur kvâr feur i kvèll / till kvèllennss feurèstèllninngue
Reste-t-il des places pour ce soir ?

Hur dags börjar föreställningen?
hûr dagss beuryar feurèstèllninguenn
À quelle heure commence le spectacle ?

Kan du tipsa mig om...
kann du tipsa mèy om
Est-ce que tu peux me recommander…

en restaurang	*enn réstoranngue*	un restaurant
en bar	*enn bâr*	un bar
ett kafé	*ett kafé*	un café
en nattklubb	*enn natt-klubb*	une boîte de nuit, un night-club
ett diskotek	*ett diskoték*	une discothèque

Vad finns det för intressant att göra / se / besöka här?
va finnss dé feur inntréssannt att geura / sé / beseuka hèr
Qu'y a-t-il d'intéressant à faire / voir / visiter ici ?

museum	*musséum*	musée
utställning	*ûtstèllningue*	exposition
monument	*monumènntt*	monument
kyrka	*churka*	église
domkyrka	*doum-churka*	cathédrale
slott	*slott*	château
runstenar	*rûnn-sténar*	pierres runiques

MANGER ET BOIRE

frukost	*frukost*	le petit déjeuner
lunch	*lounnch*	le déjeuner (repas léger, pas toujours chaud)
middag	*midda*	le dîner (le principal repas chaud du jour, servi en fin d'après-midi)

Entre ces repas, il y a de nombreuses pauses café, **kafferast**. Seuls les Finlandais consomment plus de café par personne et par an que les Suédois ! Le soir, on prend souvent un dernier café avec un sandwich, **smörgås** ou une pâtisserie, **bakelse**, **kaka**.

Pâtisseries les plus "typiques" :

kanelbulle *kanél-bulleu*	petit pain au lait et à la cannelle
mandelbulle *manndèl-bulleu*	petit pain aux amandes
lussekatt *lussé-katt*	petit pain aux raisins et au safran
semla *sémmla*	brioche fourrée de pâte d'amande et de crème fouettée
pepparkaka *pèpar-kâka*	biscuit au gingembre ; pain d'épice

en kniv	*enn knîv*	un couteau
en gaffel	*enn gaffell*	une fourchette
en sked	*enn schéd*	une cuillère
en tallrik	*enn tallrik*	une assiette
en kopp	*enn kop*	une tasse
en kopp kaffe	*enn kop kaffè*	une tasse de café
en kopp te	*enn kop té*	une tasse de thé
ett glas	*ett glâss*	un verre
en karaff	*enn karaff*	une carafe
en flaska	*enn flaska*	une bouteille
en servett	*enn servètt*	une serviette
en askkopp	*en assk-kopp*	un cendrier
bröd	*breud*	pain
salt	*salt*	sel
socker	*sokker*	sucre
peppar	*péppar*	poivre
senap	*sénnap*	moutarde

Où va-t-on manger ?

Par rapport aux autres lieux de restauration, un droit particulier distingue les restaurants : celui de servir de l'alcool. Leurs prix sont assez élevés.

en restaurang *enn réstoranngue*	un restaurant
en cafeteria *enn cafetéria*	une brasserie-cafétéria, souvent "self-service" et plutôt bon marché
en grillbar *enn grill-bar*	un grill
ett gatukök *ett gâtu-cheuk*	une "cuisine sur rue" où l'on vend des saucisses et autres plats faciles à préparer

Les saucisses avec purée de pommes de terre, **korv och mos** (*korv o mouss*), sont une excellente spécialité des **gatukök**.

rökare *reukareu*	(salle) fumeur
icke rökare *ikké reukaré*	(salle) non fumeur
rökning förbjuden *reukningue feurbyûdènn*	interdit de fumer

Kan man äta frukost / lunch / middag här?
kann mann èta frukost / lunch / midda hèr
Est-ce qu'on peut prendre le petit déjeuner / déjeuner / dîner ici ?

Är det ledigt här?
er dé lédit hèr
La place est-elle libre ?

Det är upptaget.
dé èr upptaguett
C'est occupé.

Kan jag få se matsedeln?
kann yâ fo sé mât-sédeln
Je peux voir la carte ?

Vad kostar det?
va kostar dé
Combien ça coûte ?

Har ni dagens rätt / dagens lunch / barnmeny?
hâr ni dâguennss rètt / dâguennss lunch / bârn-ménu
Est-ce qu'il y a un plat du jour / menu enfant ?

Har ni...?
hâr ni
Avez-vous... ?

Kan vi få...?
kann vî fô
Est-ce que nous pouvons avoir... ?

Jag tar...
yâ târ
Je prendrai...

Jag ska ha en varm korv.
yâ ska ha enn varm korv
Je voudrais un hot-dog.

Smaklig måltid!
smâkli môltîd
Bon appétit !

Skål!
skôl
Santé ! / Tchin-tchin !

Det smakar bra.
dé smâkar brâ
C'est bon (commentaire sur un plat).

varm / kall	*varm / kall*	chaud / froid
rå	*rô*	cru
kokt	*koukt*	cuit à l'eau, bouilli
stekt	*stékt*	cuit au four, rôti, frit
välstekt	*vèl-stékt*	bien cuit
lagom stekt	*lâgom stékt*	à point
grillad	*grillad*	grillé
söt / salt	*seutt / salt*	sucré / salé
starkt kryddad	*starkt kruddad*	épicé

Kan jag få notan.
kann yâ fo noutann
L'addition, s'il vous plaît.

Det är jämnt!
dé èr jèmnt
Gardez la monnaie !

JAG SKA HA EN VARM KORV.
(Je voudrais un hot-dog.)

Plats traditionnels

La nourriture suédoise diffère beaucoup de la nourriture française, même si de nombreuses influences étrangères ont changé la cuisine suédoise ces dernières années. Cela vaut la peine d'essayer quelque plats traditionnels, souvent présentés sous le nom de **svensk husmanskost** (*sfennsk husmanns-kost*). Nous vous proposons ci-après une petite sélection.

• fisk *fisk* poisson

inlagd sill *innlaggd sil*	hareng mariné
strömming *streumminngue*	hareng de la Baltique
lutfisk *lut-fisk*	sorte de poisson séché (pour Noël)
Janssons frestelse *yânnsonns fréstélseu*	"la tentation de Jansson" ("soufflé" aux pommes de terre et aux anchois)

• kött *cheutt* viande

köttbullar med lingon *cheutt-boullar méd linngonn*	boulettes de viande aux airelles
pytt i panna *putt i panna*	pommes de terre sautées avec de la viande
ärtsoppa med fläsk *èrt-soppa méd flèsk*	soupe aux pois et au lard
blodpudding *bloud-poudinngue*	boudin (noir)

Naturellement, il ne s'agit là que d'une sélection de quelques-uns des plats les plus connus (et les moins chers) parmi ceux qu'offre la cuisine suédoise.

Chaque région propose aussi ses spécialités, comme le **spettekaka** (*spètté-kaka*) (gâteau assez léger) en Scanie.

• **Lait et laitages**

mjölk	*myeulk*	lait
lättmjölk	*lètt-myeulk*	lait écrémé allégé
filmjölk	*fîl-myeulk*	sorte de lait caillé, mangé au petit déjeuner, souvent saupoudré de sucre, de cannelle ou de gingembre, ou avec des céréales. Mais on peut aussi le boire "nature".
lättfil	*lètt-fîl*	lait caillé allégé, moins épais
ost	*oust*	fromage
smör	*smeur*	beurre
grädde	*grèddeu*	crème liquide
gräddfil	*grèd-fîl*	crème fraîche légèrement acide
ägg	*ègg*	œuf

N'hésitez pas à goûter aux fromages suédois, qui vont du très doux, comme le **Herrgårdsost** (*hèrgords-oust*), jusqu'aux fromages faits à cœur, tel le **Västerbotten** (*vèsterbottenn*).

Boissons

La boisson préférée des Suédois est le café, qui est servi à tout moment de la journée et de la soirée. Si vous commandez un café quelque part, vous allez sans doute voir le mot **påtår** (*pô-tôr*). Il signifie que la deuxième tasse de café est offerte ou qu'elle sera moins chère. Certains cafés ont même gardé la vieille tradition qui veut que l'on boive autant que l'on veut, une fois la première tasse payée. Chez des Suédois, on pourra aussi vous poser la question :

Vill du ha (en) påtår?
vill du hâ (enn) pô-tôr
Tu veux encore une tasse ?

VILL DU HA EN PÅTÅR?

(Tu veux encore une tasse ?)

Les autres boissons que vous boirez peut-être :

vatten	*vattenn*	eau
mjölk	*myeulk*	lait
te	*té*	thé
choklad	*choklad*	chocolat chaud
sockerdricka	*sockérdrikka*	limonade suédoise
mineralvatten	*minéral-vattenn*	eau minérale

alkohol	*alkohhol*	alcool
öl	*eul*	bière
rött vin	*reutt vînn*	vin rouge
vitt vin	*vitt vînn*	vin blanc
glögg	*gleug*	vin chaud épicé
snaps / brännvin	*snapss / brènn-vîn*	eau-de-vie

Il y a trois catégories de bière :

klass I : lättöl *klass ett : lètt-eul*	"bière légère"– contient peu d'alcool

klass II : folköl *klass tvo : folk-eul*	"bière du peuple" – autant d'alcool que la plupart des bières françaises
klass III : starköl *klass tré : stark-eul*	"bière forte" – aussi forte que les bières allemandes, par exemple

Les bières de la troisième catégorie ne sont vendues que dans les magasins d'État, qui ont le monopole sur toute vente d'alcool en Suède. Ces magasins s'appellent **Systembolaget** (*Sustém-boulaguett*), et vendent également des vins et tous les autres spiritueux. Il faut avoir au moins vingt ans (**tjugo år**) pour avoir le droit d'y faire des achats et pouvoir le prouver avec une pièce d'identité (**identitetskort**). Il est recommandé de limiter sa consommation d'alcool quand on visite la Suède, ou bien d'apporter ses propres réserves, car l'alcool y est lourdement taxé. C'est pourquoi apporter une bouteille comme cadeau quand on est invité chez des Suédois est toujours une bonne idée. Soyez quand même averti : une partie de la population ne boit pas du tout d'alcool, pour des raisons religieuses ou pour d'autres motifs.

Jag dricker inte / aldrig (sprit).
yâ drikkeur innteu / aldri (sprît)
Je ne bois pas / jamais (d'alcool).

À TRAVERS LA SUÈDE

nord, norr	*nourd, norr*	nord
syd, söder	*sûd, seuder*	sud
öster, ost	*eusster, ousst*	est
väster, väst	*vèsster, vèsst*	ouest
vänster	*vènnster*	gauche
höger	*heuguer*	droite
till vänster	*till vènnster*	à gauche
rakt fram	*rakt framm*	tout droit

mot	*mout*	vers (dans la direction de)
före, framför	*feuré, framfeur*	avant
efter	*èfter*	après
bakom	*bâkom*	derrière
framför	*framfeur*	devant
en gata	*enn gâta*	une rue (en ville)
en (lands-)väg	*enn (lannts-)vèg*	une route (à la campagne)
en motorväg	*enn moutourvèg*	une autoroute

Var ligger...?
var liggueur
Où se trouve... ?

Hur långt är det till..?
hur lonngt èr dé till
Quelle est la distance jusqu'à... ? / Sommes-nous loin de... ?

Hur lång tid tar det för att gå / åka till...?
hur longue tîd târ dé feur at gô / ôka till
Combien de temps faut-il pour aller à... ?
(à pied / en véhicule)

det är långt	*dé èr lonngt*	c'est loin
det ligger nära	*dé liggueur nèra*	c'est à proximité

Hur kommer jag till...?
hur kommeur yâ till
Comment fais-je pour aller à... ?

Ta...	*tâ*	Prends...
Följ...	*feuly*	Suis...
Gå... / Åk...	*gô / ôk*	Va...
Sväng / Ta av till...	*svènngue / tâ âv till*	Tourne...

Fortsätt rakt fram!
fou(r)tschètt râkt framm
Continue tout droit !

Pour qui souhaite prendre le train (**tåg**), il faut toujours se renseigner s'il est possible de partir avec un "départ rouge", **röd avgång** (*reud avgonng*). En effet, ces départs peuvent être jusqu'à 50 % moins chers, mais ne sont valables qu'à des heures et sur des parcours bien précis. Réservez longtemps à l'avance, car les Suédois sont très férus de ces **röda avgång** !

Pour ceux qui souhaitent faire un tour de la Scandinavie, il y a les billets **Nordturist** (*nourturist*, touriste du nord), qui sont valables 21 jours en Suède, Norvège, Danemark et Finlande. Avec cette carte, certains ferry-boats et bus sont gratuits ou 50 % moins chers. Certains trains, en particulier pour les longues distances, sont à réservation obligatoire ; achetez votre réservation à l'avance car, si vous deviez l'acheter dans le train, elle vous coûterait bien plus cher, et vous risqueriez en outre de ne plus trouver de place.

Tåg till Uppsala avgår klockan 12 från spår 2.
tôg till Uppsâla avgor klockann tolv fronn spor tvo
Le train pour Uppsala part à midi du quai 2.

en station	*enn staschoun*	une gare
en perrong	*enn pèronngue*	un quai
en biljettlucka	*enn bilyett-lukka*	un guichet
en biljett	*enn bilyett*	un billet
en platsbiljett	*enn plats-bilyett*	une réservation (le billet)
en tur och retur biljett	*enn tur o rétur bilyett*	un aller-retour
första klass	*feu(r)schta klass*	première classe
andra klass	*anndra klass*	deuxième classe
rökare	*reukaré*	fumeur
icke rökare	*ikké reukaré*	non fumeur
en tidtabell	*enn tîtabell*	un horaire (des trains)

avgång	*avgonngue*	départ
ankomst	*annkommst*	arrivée
dagligen	*dâgliguenn*	quotidiennement
en sovvagn	*enn sovaggn*	un wagon-lit
en liggvagn	*enn ligvaggn*	une voiture-couchette
försening	*feu(r)schéninngue*	retard
en resväska	*enn rés-vèska*	une valise
en ryggsäck	*enn rugg-sèkk*	un sac à dos
ett bagage	*ett bagâsch*	un bagage
Statens Järnvägar	*Stâtenns yèrnvègar*	Chemins de Fer d'État

… en avion

Les moins de 25 ans peuvent profiter des vols intérieurs à moindre coût. Ces billets **Stand-by** ne peuvent pas être réservés à l'avance.

Hur kommer jag till flygplatsen?
hûr kommeur yâ till flugplatsenn
Comment (fais-je pour) aller à l'aéroport ?

flygplan	*flûg-plânn*	avion
boka flygbiljetter	*bouka flûg-bilyètter*	réserver un vol
avgång	*âvgônngue*	départ
ankomst	*annkomsst*	arrivée
start	*stâ(r)tt*	décollage
landning	*lanndninngue*	atterrissage
embarkering	*émbarkérinngue*	embarquement
väntsal	*vènnt-ssâl*	salle d'attente
mellanlandning	*mèlann-lanndninngue*	escale
pass	*pass*	passeport

... en transports publics urbains

Le pays est très bien desservi par un réseau de bus. Dans le nord, il s'agit souvent de bus réguliers. Renseignez-vous auprès de la gare routière (**busstation**) dans la ville où vous séjournez. De même, les réseaux de transports publics urbains sont extrêmement bien développés dans toute la Suède.

en buss	*enn buss*	un bus
en busstation	*enn busstaschoun*	un arrêt de bus
en tunnelbana	*enn tunnel-bâna*	un métro
en spårvagn	*enn spor-vaggn*	un tramway
en hållplats	*enn holl-plats*	un arrêt
en färja	*enn fèrya*	un ferry-boat

Seuls Göteborg et Norrköping ont encore des tramways. Le métro de Stockholm vaut le coup d'œil. Il est souvent appelé "le musée d'art le plus long au monde", car les murs de bon nombre de ses stations, notamment les plus récentes, sont peints avec beaucoup de créativité.

L'achat d'un billet "touriste" (**turistkort** *turist-kourt*) est donc à conseiller : valable de un à trois jours pour l'ensemble du réseau de transports publics de Stockholm, du métro jusqu'au bus, en passant par le petit ferry-boat qui vous conduira à l'île Djurgården. En outre, le billet "3 jours" vous donne accès gratuitement à certains musées.

tillägg	*tillèg*	supplément
rabatt	*rabatt*	réduction
stiga på	*stîga pô*	monter
stiga av	*stîga âv*	descendre
byta	*bûta*	changer
åka buss / tåg	*ôka buss / tôg*	aller en bus / train
taxi	*taxi*	taxi
taxistation	*taxi-staschoun*	station de taxis

När går nästa buss / sista bussen?
nèr gôr nèssta buss / sissta bussenn
Quand part le prochain / dernier bus ?

Är det här bussen till Umeå?
èr dé hèr bussenn till umèo
Est-ce le bus pour **Umeå** ?

Jag vill åka till...
yâ vill ôka till
Je veux aller à...

Jag åker till...
yâ ôker till
Je vais à...

Jag skulle vilja ha en biljett / två biljetter till...
yâ skulleu vilya hâ enn bilyètt / tvô bilyètter till
Je voudrais un billet / deux billets pour…

När kommer man fram till...?
nèr kommeur mann framm till
À quelle heure arrive-t-on à… ?

Hur lång tid tar resan?
hûr lonngue tîd târ réssann
Quelle est la durée du trajet ?

Var måste jag stiga av för att gå till...?
vâr môssteu yâ stîga âv feur att gô till
Où dois-je descendre pour aller à... ?

Måste man byta?
môssteu mann bûta
Faut-il prendre une correspondance ?

... en voiture

Si vous êtes en voiture, il est recommandé de la laisser en dehors de la ville. D'une part, les places de parking (**parkeringsplats**) sont rarement libres et, d'autre part, la police se

plaît à alimenter la fourrière (**uppsamlingsplats**) en voitures, ce qui peut vous coûter cher. Les limitations de vitesse (**högsta tillåtna hastighet**) suivantes s'appliquent en Suède :
- 110 km sur les autoroutes et voies rapides (**motorvägar** *moutour-vègar*) ;
- 90 km sur les routes nationales (**landsvägar** *lannts-vègar*) ;
- 50 km dans les villes.

Sur de nombreuses routes, la voie de droite est séparée de la voie principale par une ligne discontinue. Quand une voiture signale par son clignotant qu'elle veut doubler, il suffit de déboîter sur cette voie signalisée (**vers la droite !!**) pour laisser passer la voiture qui vous suivait. Ainsi, personne ne vient perturber la circulation roulant en sens inverse. Mais attention : veillez à ce qu'il n'y ait pas de cycliste sur la voie signalisée avant de faire cette manœuvre !

bil *bîl*	voiture
körkort *cheur-kou(r)tt*	permis de conduire
registreringsbevis *réyistrérinngs-béviss*	carte grise, papiers du véhicule
bilförsäkring *bîl-feurschèkrinngue*	assurance automobile

- **Louer une voiture**

biluthyrare *bîl-uthûrareu*	agence de location
hyrbil *hur-bîl*	voiture de location
obegränsad körsträcka *oubègrènssad cheur-strèkka*	kilométrage illimité
helförsäkring *hél-feu(r)schèkringue*	assurance tous risques
stöldförsäkring *stold-feu(r)schèkringue*	assurance vol

inklusive / exklusive *innklusîvé / éxklusîvé*	comprise / non comprise
(bil)nycklarna *(bîl)-nuklarna*	les clés (de contact)
en dubblett *enn dubblètt*	un double (des clés)

Jag skulle vilja hyra en bil.
yâ skulleu vilya hura enn bîl
Je voudrais louer une voiture.

Hur mycket kostar det per dag / per vecka?
hur mukké kosstar dé pèr dâg / pèr vèkka
Quel est le tarif par jour / par semaine ?

Vad för slags bränsle ska man använda?
vâ feur slagss brènnslè skâ mann annvènda
Que faut-il mettre comme carburant ?

Hur dags måste man lämna tillbaka bilen?
hûr dagss môssteu mann lèmna tillbâka bîlenn
À quelle heure faut-il rendre la voiture ?

• À la station-service

De nombreuses stations-service sont fermées la nuit, mais il est possible de payer par carte bancaire (attention : cartes VISA pas toujours acceptées) ou avec des billets dans des stations automatisées. Prévoyez donc quelques billets de 20 couronnes pour vos sorties nocturnes.

en bensinstation *enn bénnsînn-staschoun*	une station-service
en mack *enn makk*	une station-service (langage familier)
en sedelautomat *enn sédel-aotomat*	pompe à essence automatisée (à billets)
tanka själv *tannka schèlv*	prendre de l'essence soi-même

vatten	*vattenn*	eau
avjoniserat vatten, destillerat vatten	*âvyonnissératt vattenn, déstilératt vattenn*	eau distillée
bensin	*bénnsînn*	essence
98 oktan	*nitti-otta oktânn*	super
95 oktan	*nitti-fémm oktânn*	ordinaire
blyfri	*blû-frî*	sans plomb
diesel	*dîssèl*	diesel / gazole
motorolja	*moutour-olya*	huile pour moteur
en punktering	*enn punnktérinng*	une crevaison

fylla på bensin / tanka
fulla pô bénnsînn / tannka
faire le plein d'essence

kolla lufttrycket i däcken
kolla luft-trukkett i dèkkenn
vérifier la pression des pneus

• En cas de panne

Un peu de vocabulaire pour les infortunés qui auront des problèmes avec leur voiture au moment des vacances...

Jag har motorstopp.
yâ hâr moutor-schtop
Je suis en panne.

Jag har haft en olycka.
yâ hâr haft enn oulukka
J'ai eu un accident.

Kan du ringa... (så snabbt som möjligt)?
kann du rinnga... (sô snabbt som meuyligt)
Peux-tu téléphoner (d'urgence) à... ?

en bärgningsbil	*enn bèrynings-bîl*	une dépanneuse
polisen	*polîssenn*	la police
en ambulans	*enn ambulannss*	les secours, une ambulance

Kan du bärga mig / hjälpa mig?
kann du bèrya mèy / yèlpa mèy
Peux-tu me remorquer / m'aider ?

Var ligger den närmaste bilverkstaden?
vâr liggeur denn nèrmassté bîl-vèrksstann
Où est le garage le plus proche ?

Kan du reparera min bil?
kann du réparéra minn bîl
Peux-tu réparer ma voiture ?

Hur lång tid kommer det att ta?
hûr lônngue tîd kommeur dé att tâ
Combien de temps ça va prendre ?

ett batteri	*ett battérî*	accus, batterie
en stötdämpare	*enn steut-dèmparé*	amortisseur
ett tändstift	*ett tènnd-stift*	bougie d'allumage
en kabel	*enn kâbell*	câble
en förgasare	*enn feur-gassaré*	carburateur
en snökedja	*enn sneu-chèdya*	chaînes de pneus neige
en växling	*enn vèxlinng*	changement de vitesse / embrayage
ett blinkljus	*ett blinnk-yus*	clignotant
en rem	*enn remm*	courroie
en domkraft	*enn doumm-kraft*	cric
en startmotor	*enn stât-moutour*	démarreur / starter
en koppling	*enn kopplinng*	embrayage / couplage
en axel	*enn axel*	essieu
en broms	*enn bromms*	frein
en säkring	*enn sèkrinng*	fusible
en stänkskärm	*enn stènnk-schèrm*	garde-boue
en olja	*enn olya*	huile
en packning	*enn pakkninngue*	joint (d'étanchéité)
en motor	*enn moutour*	moteur
en strålkastare	*enn strol-kastaré*	phare
en reservdel	*enn rèserv-dél*	pièce de rechange, pièce détachée
ett däck	*ett dèkk*	pneu

en tomgång	*enn tomm-gonngue*	point mort, véhicule arrêté moteur en marche
en kylare	*enn chularé*	radiateur
ett hjul	*ett yûl*	roue
en slang	*enn slanngue*	tuyau
ett avgasrör	*ett av-gâs-reur*	tuyau / pot d'échappement
en växel	*enn vèxeul*	vitesses / boîte de vitesses
en ratt	*enn ratt*	volant

Pour le cycliste

en cykel	*enn sukkell*	un vélo
en ram	*enn râm*	un cadre
en sadel	*enn sadeul*	une selle
en styrstång	*enn stur-stonngue*	un guidon
en pedal	*enn pédal*	une pédale
en pakethållare	*enn pakét-hollaré*	un porte-bagages
en ringklocka	*enn rinng-klocka*	une sonnette
ett framhjul	*ett framm-yûl*	une roue avant
ett bakhjul	*ett bâk-yûl*	une roue arrière
en eker	*enn ékeur*	un rayon
ett däck	*ett dèkk*	un pneu
en fälg	*enn fèlyeu*	une jante
en broms	*enn brommss*	un frein
ett framljus	*ett framm-yûss*	une lumière avant
ett bakljus	*ett bâk-yûss*	une lumière arrière
en dynamo	*enn dunamou*	une dynamo
en glödlampa	*enn gleud-lammpa*	une ampoule
ett kullager	*ett kulagueur*	un roulement à billes
en kedja	*enn chédya*	une chaîne
en punktering	*enn punktérinng*	une crevaison
en ventil	*enn venntîl*	une valve
en luftpump	*enn luft-pummp*	une pompe

en slang	*enn slanngue*	une chambre à air
en olja	*enn olya*	une huile
ett nav	*ett nâv*	un moyeu
ett lås	*ett lôss*	une serrure, un antivol

SPORTS DE PLEIN AIR

Les Suédois aiment vivre près de la nature. Même si on est dans une grande ville, la nature est toujours proche : des forêts, des lacs, la mer, les îles... L'air et l'eau sont purs ; on peut même se baigner en plein cœur de Stockholm ! Les Suédois apprennent dès leur petite enfance à respecter la nature et à vivre en harmonie avec elle. En hiver, ils aiment faire du ski (surtout le ski de fond), l'été ils se baignent ou font de la voile. Vivre en plein air est très important pour les Scandinaves et ils ne craignent pas la neige, la pluie ou le vent !

natur	*natûr*	nature
ö	*eu*	île
skärgård	*schèr-gô(r)d*	archipel
nationalpark	*natschonâl-park*	parc national
naturreservat	*natûr-résservât*	réserve naturelle
sjö	*scheu*	lac
hav	*hâv*	mer
kust	*kusst*	côte, littoral
strand	*strannd*	plage
skog	*skoug*	forêt
landsbygd, land	*lanndss-bugd, lannd*	campagne
berg	*bèrye*	montagne
topp	*topp*	sommet
glaciär	*glacièr*	glacier

Voici maintenant un peu de vocabulaire pour les plus sportifs. Et vous, par quoi vous laisserez-vous tenter ?

åka skidor	*ôka schîdour*	faire du ski
åka skridskor	*ôka skrisskor*	faire du patin à glace
bestiga berg	*bésstiga bèrye*	faire de l'alpinisme
klättra	*klètra*	faire de l'escalade
spela golf	*spéla golf*	faire du golf
cyckla	*sukkla*	faire du vélo
åka mountainebike	*ôka maountaynn-bayk*	faire du VTT
fiska	*fisska*	pêcher
segla	*ségla*	faire de la voile
paddla kanot / kajak	*paddla konout / kayak*	faire du canoë / kayak
bada	*bâda*	se baigner
simma	*simma*	nager

utförsåkning	*ûtfeurss-ôkningue*	ski alpin
längdskidåkning	*lènngd-schîd-ôkninngue*	ski de fond
skidtur	*schîd-tûr*	randonnée à ski
hundsläde	*hunnd-slèdé*	traîneau à chiens
rensläde	*rénn-slèdé*	traîneau à rennes
golfbana	*golf-bâna*	terrain de golf
sportfiske	*spo(r)tt-fisské*	pêche sportive
pimpelfiske	*pimmpél-fisské*	pêche à la trembleuse
fiskekort	*fisské-kou(r)tt*	permis de pêche
bastu	*basstu*	sauna

Jag skulle vilja hyra...
yâ skulleu vilya hûra
Je voudrais louer...

skidor	*schîdour*	des skis
en kanot	*enn kannoutt*	un canoë
en golfklubba	*enn golf-klubba*	un club de golf

ett fiskespö	*ett fisské-speu*	une canne à pêche
skridskor	*skrisskour*	des patins à glace

Är det tillåtet att fiska här?
èr dé tillôtétt att fisska hèr
Est-ce qu'on a le droit de pêcher ici ?

La randonnée

Pour faire de la randonnée dans les montagnes suédoises (**fjäll-vandring** *fyèll-vanndrinng*), que ce soit dans un parc national ou non, il faut bien s'y préparer. La plupart des accidents sont le résultat du manque d'expérience et de l'inconscience des touristes. Les mots suivants pourront vous être très utiles :

utflykt	*ûtflukt*	excursion
promenad	*promménâd*	balade
fotvandring	*fout-vanndringue*	randonnée pédestre
vandringsled	*vanndrinngss-léd*	piste (randonnée)
pist	*pisst*	piste (ski)
stig	*stîg*	sentier
markerad led	*markérad léd*	chemin de randonnée balisé
omarkerad led	*oumarkérad léd*	chemin de randonnée non balisé
en bro	*enn brou*	un pont
ett vad	*ett vâd*	un (passage à) gué
ett vindskydd	*ett vinnd-schudd*	un abri coupe-vent
en fjällstuga	*enn fyèll-stuga*	une cabane, un (petit) chalet de montagne
en kåta	*enn kota*	une hutte de Lapon (dans le nord de la Suède)
högfjällsstuga	*heugfyèlls-stûga*	refuge (en montagne)
orienteringstavla	*oriénntéringss-tâvla*	table d'orientation
en fors	*enn fo(r)sch*	un torrent

ett vattenfall	*ett vattenn-fall*	une chute d'eau, une cascade
en ren	*enn rénn*	un renne
ett renstängsel	*ett rénn-stènngssell*	une clôture pour rennes

Jag har gått vilse.
yâ hâr gôtt vilssé
Je suis perdu(e).

Kan du visa mig vilken stig leder till...?
kann du vîssa mèy vilkènn stîg lédeur till
Peux-tu m'indiquer le sentier qui mène à... ?

- **utrustning** *ûtrusstninngue* **équipement**

ett tält	*ett tèlt*	une tente
en ryggsäck	*enn rug-sèkk*	un sac à dos
en sovsäck	*enn sov-sèkk*	un sac de couchage
ett stormkök	*ett stourm-cheuk*	un réchaud tous temps
regnkläder	*réggn-klèdeur*	vêtements imperméables
en jacka	*enn yakka*	une veste
byxor	*buxor*	un (des) pantalon(s)
stövlar	*steuvlar*	des bottes
vandringsskor	*vanndringss-skour*	des chaussures de marche

L'HÉBERGEMENT

Les hôtels suédois sont en principe assez chers et d'un très bon standard. Si vous allez dans une grande ville ou un endroit touristique, il est recommandé de réserver la chambre à l'avance. Vous pourrez aussi loger dans une **stuga**. Ce mot signifie tout simplement "maisonnette", "chalet". Ces maisons en bois peint, la plupart du temps en jaune pâle ou rouge foncé, avec des rondins blancs, sont devenues un symbole de la Scandinavie et l'image typique des cartes postales ! Entourées d'une nature paisible, elles sont vraiment jolies et pittoresques, surtout au cœur de la Suède, dans la région de

Dalarna. À la campagne, les gens vivent dans ces maisons, plus ou moins grandes. Les habitants des villes ont souvent une "stuga" à la campagne. Vous pouvez en louer une pour vos vacances, à un prix tout à fait abordable (surtout si vous voyagez à plusieurs). Renseignez-vous sur Internet, en tapant, par exemple, le mot **turistbyrå** ("office de tourisme") et le nom de la région ou du village que vous voulez visiter. Vous y verrez les photos des chalets à louer et vous aurez l'embarras du choix !

hotell *hotèll*	hôtel
gästrum *yèsst-rumm*	chambre d'hôte
bed&breakfast, lantgård *bèd ènd brèkfasst, lannt-gô(r)d*	logement à la ferme (ferme-auberge)
(hyres)rum *(hûrèss)-rumm*	chambre (à louer)
stuga *stûga*	chalet, maison en bois
med / utan kök *mé / ûtann keukk*	avec / sans cuisine
lägerplats / vindskydd *lèguer-plats / vinnd-schudd*	gîte d'étape

Har du ett ledigt rum?
hâr du ett léditt rumm
Est-ce que tu as une chambre libre ?

Jag är ledsen, det är fullbokat.
yâ èr lèssenn, dé èr fullboukat
Désolé(e), c'est complet.

Jag har bokat per telefon / per brev / per e-mail.
yâ hâr boukat per téléfôn / per brév / per i-méyl
J'ai réservé par téléphone / courrier / e-mail.

enkelrum	*énnkél-rumm*	chambre simple
dubbelrum	*dubbel-rumm*	chambre double
barnsäng	*bârn-sènngue*	lit pour enfant
extrasäng	*extra-sènngue*	lit supplémentaire
med dusch	*mé dousch*	avec douche
med badkar	*mé bâdkâr*	avec bain
med toalett	*mé toualett*	avec des toilettes / WC
med TV	*mé tévé*	avec la télévision
rumspris	*rumms-prîss*	prix pour la chambre
pris per person	*prîss per perschoun*	prix par personne
med frukost	*mé frukost*	avec petit déjeuner
halvpension	*halv-pannschounn*	demi-pension
helpension	*hél-pannschounn*	pension complète

Kan jag få se rummet?
kann yâ fô sé rummett
Est-ce que je peux voir la chambre ?

Vi vill stanna en natt / två nätter / en vecka.
vi vill stanna enn natt / tvô nètter / enn vèkka
Nous voulons rester une nuit / deux nuits / une semaine.

Kan jag få en/ett extra...
kann yâ fô enn/ett extra
Est-ce que je peux avoir un(e) … supplémentaire

(ett) täcke	*(ett) tèkkeu*	couverture
(en) kudde	*(enn) kuddeu*	oreiller
(en) handduk	*(enn) hannd-dûk*	serviette de toilette
(en) galge	*(enn) galyeu*	cintre

... fungerar inte.
... funnguérar innteu
Le/la … ne fonctionne pas.

uppvärmningen	*uppvèrmninnguenn*	chauffage
lyset	*lûssett*	lumière
kontakten	*kontaktenn*	prise électrique
varmt vatten	*varmt vattenn*	eau chaude
spolningen	*spoulninnguenn*	chasse d'eau
hissen	*hissenn*	ascenseur

En camping ou auberge de jeunesse

Les auberges de jeunesse de l'Office de tourisme suédois, **STF** (**Svenska Turistföreningen** *Sfennska turist-feuréninnguenn*) peuvent être chaleureusement recommandées. Les prestations proposées sont d'excellente qualité, et les auberges se trouvent parfois dans de belles maisons d'autrefois. Imaginez qu'à Stockholm, un vieux voilier tient lieu d'auberge au long cours. Certaines écoles dotées d'un internat se transforment en auberges et ouvrent leurs chambres durant les vacances d'été. Les auberges de jeunesse ne sont pas toutes ouvertes en permanence. Vous trouverez plus de renseignements dans le catalogue du STF et dans le catalogue international des Auberges de Jeunesse.

Il existe des campings dans toute la Suède, dont certains organisent des fêtes ouvertes à tout le monde le week-end : pour les Suédois, c'est l'occasion de boire et de faire du bruit.

En Suède, vous pouvez également profiter d'une vieille loi fort sympathique, **Allemansrätten** *Allémanns-rèttenn*, qui veut dire littéralement "le droit de tout homme". Cela signifie, entre autres, que l'on a le droit de dresser sa tente partout pour une nuit, même sur des terrains privés – à condition, bien sûr, de ne rien détruire et de ne pas déranger les habitants. Il est interdit de faire du camping dans le jardin de quelqu'un, ou dans un endroit que le propriétaire du terrain peut voir depuis sa résidence. Pour ne pas faire d'erreur, renseignez-vous auparavant dans la ferme la plus proche.

Får jag tälta här?
for yâ tèlta hèr
Puis-je dresser ma tente / camper ici ?

Får jag stanna här en natt?
for yâ stanna hèr enn natt
Puis-je rester ici une nuit ?

ett vandrarhem	*ett vanndrar-hémm*	une auberge de jeunesse
en campingplats	*enn kammpinng-plats*	un camping
tält	*tèlt*	tente
plats, ställe	*plats, stèlleu*	emplacement
husbil	*hûss-bîl*	camping-car
dusch och WC	*dousch o vé-sé*	sanitaires
tvättomat	*tvèttomât*	laverie
soptunnor	*soup-tunnour*	poubelles
elanslutning	*él-annslûtninngue*	branchement électrique
dricksvatten	*drikss-vattenn*	eau potable
ficklampa	*fikk-lammpa*	lampe de poche
tältpinne	*tèlt-pinneu*	piquet, sardine
Triangiakök	*trianngia-cheukk*	réchaud

Var kan jag...?
var kann yâ
Où est-ce que je peux... ?

Hur länge stannar du här?
hur lenngué stannar du hèr
Combien de temps restes-tu ici ?

en natt	*enn natt*	une nuit
två nätter	*tvô nètteur*	deux nuits

Si l'on campe dans une forêt ou à proximité d'une zone boisée, il est souvent interdit d'y faire du feu à cause du risque d'incendie.

Être hébergé chez des amis

Quand on rend visite à des amis, les phrases suivantes peuvent être utiles :

Du kan övernatta hos oss.
du kann euvernatta houss oss
Tu peux passer la nuit chez nous.

Du kan stanna här.
du kann stanna hèr
Tu peux rester ici.

Du kan sova här.
du kann sôva hèr
Tu peux dormir ici.

Jag är dödstrött.
yâ èr deuds-treutt
Je suis mort de fatigue.

Jag har min sovsäck med mig.
yâ har minn sôv-sèkk mé mèy
J'ai mon sac de couchage ici.

DU KAN SOVA HÄR. – JAG ÄR DÖDSTRÖTT.
(Tu peux rester ici. – Je suis mort de fatigue.)

rummet	*rummett*	la chambre
gästrummet	*yèsst-rummett*	la chambre d'ami
badrummet	*bâd-rummett*	la salle de bains
vardagsrummet	*vârdagss-rummett*	le séjour
köket	*cheukett*	la cuisine
toaletten	*toualettenn*	les toilettes
bäddsoffan	*bèd-soffann*	le canapé-lit
lakanen	*lâkannenn*	les draps

Jag behöver...
yâ beheuveur
J'ai besoin de…

Kan du ge mig...
kann du yé mèy
Est-ce que tu peux me donner…

tvål	*tvôl*	savon
schampo	*schammpo*	shampooing
duschkräm	*dousch-krèm*	gel douche
tandkräm	*tannd-krèm*	dentifrice
rakkräm	*râk-krèm*	mousse à raser
tandborste	*tannd-bo(r)schteu*	brosse à dents
rakkniv	*râk-knîv*	rasoir

Le lendemain :

Har du sovit gott?
hâr du sôvitt gott
As-tu bien dormi ?

Tack, jättebra.
takk, yètté-brâ
Très bien, merci.

Är du ledig idag?
èr du lédig idâg
Es-tu libre aujourd'hui ?

Är du hungrig?
èr du hunngri
As-tu faim ?

När börjar du arbeta?
nèr beuryar du arbéta
Quand est-ce que tu commences à travailler ?

När slutar du jobba?
nèr slutar du yobba
Tu travailles jusqu'à quelle heure ?

Ska jag gå och handla?
ska yâ gô o hanndla
Veux-tu que j'aille faire les courses ?

När ska jag vara tillbaka?
nèr ska yâ vâra tillbaka
À quelle heure faut-il que je sois de retour ?

Vill du följa med?
vill du feulya mé
Veux-tu m'accompagner ?

Vad gör vi ikväll?
vad yeur vî ikvèll
Qu'est-ce qu'on fait ce soir ?

LES ACHATS

En règle générale, les prix pratiqués en Suède sont assez élevés. Vous pourrez cependant être attiré par la qualité et la finition des produits manufacturés. Voici quelques expressions qui vous aideront dans vos achats.

Var ligger...?
var liggueur
Où se trouve... ?

livs (abrév. de **livsmedelsaffär**)	*lifs* *(lifsmédeuls-affèr)*	magasin d'alimentation
en stormarknad	*enn stour-marknad*	un supermarché / grande surface
ett varuhus	*ett varu-hûss*	un grand magasin

ett bageri	*ett baguerî*	une boulangerie
en affär	*enn affèr*	un magasin
en lanthandel	*enn lannt-hanndell*	magasin de village disposant d'à peu près tout

Les Suédois sont assez flexibles en matière d'heures d'ouverture des magasins. Dans les grandes villes, on peut trouver un magasin ouvert à peu près à n'importe quelle heure de la journée. En outre, dans quasiment toute la Suède, de petits magasins restent ouverts jusqu'à 23h toute la semaine ; ce sont souvent des magasins d'alimentation, connus sous les noms de **Minilivs** (*mini-lifs*) ou **7eleven** (*sevennélevenn*). Les supermarchés eux-mêmes restent souvent ouverts jusqu'à 21h et ouvrent leurs portes quelques heures le dimanche.

När öppnar / stänger affären?
nèr euppnar / stènngeur affèrenn
À quelle heure ouvre / ferme le magasin ?

öppet / stängt	*euppét / stenngt*	ouvert / fermé
tryck / drag	*trukk / drâg*	poussez / tirez
ingång / utgång	*inn-/ûtgonngue*	entrée / sortie

Jag ska ha...
yâ ska hâ
Je voudrais... (avoir)
Est-ce qu'il y a...?

Finns det...?
finns dé
Avez-vous du / des... ? /
Est-ce qu'il y a... ?

Jag skulle vilja köpa...
yâ skulleu vilya cheupa
Je voudrais acheter...

Vad kostar det?
vâ kostar dé
Combien ça coûte ?

Det här är billigare / dyrare.
dé hèr èr billigaré / duraré
Ceci est moins cher / plus cher.

VAD KOSTAR DET?

(Combien ça coûte ?)

La nourriture coûte parfois plus cher en Suède. Cela n'a rien d'étonnant quand on considère la longueur du pays, qui équivaut à la distance entre Paris et Casablanca. Les coûts de transport sont donc assez élevés, et les taxes viennent s'y ajouter.

Boucherie, charcuterie

grillkorv	*grilkorv*	saucisse grillée
köttfärs	*cheutt-fè(r)sch*	viande hachée
skinka	*schinnka*	jambon
falukorv	*fâlukorv*	saucisse de viande
lever	*lévér*	foie
oxkött	*ox-cheutt*	viande de bœuf
fläsk	*flèsk*	lard
fläsktärningar	*flèsk-tèrninngar*	lardons

Poisson

torsk	*to(r)schk*	morue
räkor	*rèkour*	crevettes
lax	*lax*	saumon
rödspätta	*reud-spètta*	carrelet

Fruits et légumes

lingon	*linngonn*	airelles
körsbär	*cheu(r)sch-bèr*	cerise
jordgubbar	*yord-gubbar*	fraises
hallon	*hallonn*	framboises
blåbär	*blau-bèr*	myrtilles
apelsin	*apélsînn*	orange
äpple	*èppleu*	pomme

morötter	*moureuttér*	carottes
blomkål	*blomm-kol*	chou-fleur
lök	*leuk*	oignon
ärtor	*èrtour*	petits pois
potatis	*potâtiss*	pommes de terre
sallat	*sallad*	salade
tomat	*toumât*	tomate

Divers

tändstickor	*tènnd-stikkour*	allumettes
glödlampa	*gleud-lammpa*	ampoule (électrique)
cigarettändare	*sigarett-tènndareu*	briquet
presenter	*préssennter*	cadeaux
CD	*sé-dé*	CD
cigaretter	*sigaretter*	cigarettes
konserv, burkmat	*konnsèrv, burk-mât*	(boîte de) conserve
bomullsvadd	*boumullss-vadd*	coton
blöjor	*bleuyour*	couches (pour bébé)
solkräm	*soul-krèmm*	crème solaire
ordbok	*ou(r)dd-bouk*	dictionnaire
tråd och (sy)nål	*trôd okk (sû)nôl*	fil et aiguille
tvättmedel	*tvètt-médel*	lessive
en bok (om...)	*enn bouk (om...)*	un livre (sur…)
folkmusik	*folk-musîk*	musique folklorique

pappersnäsdukar	*pappe(r)sch-nèssdûkar*	mouchoirs en papier
hantverk	*hannt-vèrkk*	objets artisanaux
konservöppnare	*konserv-euppnareu*	ouvre-boîtes
kam	*kâmm*	peigne
batterier	*battérîeur*	piles
karta	*kâ(r)tta*	plan / carte
kondomer	*konndômer*	préservatif
dambindor	*dâm-binndour*	serviettes périodiques
souvenirer	*souvénnirer*	souvenirs
penna	*pénna*	stylo
tobak	*tobâk*	tabac

LA BANQUE ET L'ARGENT

en bank	*enn bannk*	une banque
en bankomat	*enn bannkomât*	un distributeur automatique
ett växlingskontor	*ett vèxlinngs-kontour*	un bureau de change

Var kan man växla pengar?
var kann mann vèxla pénngar
Où est-ce qu'on peut changer de l'argent ?

Jag skulle vilja växla...
yâ skulleu vilya vèxla
Je voudrais changer des...

euro	*évro*	euros
kanadensiska dollar	*kannadénnssiska dollar*	dollars canadiens
schweiziska franc	*schvèitsiska frannk*	francs suisses

Vilken är växelkursen?
vilkenn èr vèxel-kou(r)schenn
Quel est le taux (de change) ?

pengar	*pénngar*	argent
krona, kronor	*krouna, krounour*	couronne(s)
växel	*vèxel*	monnaie
mynt	*munnt*	pièce
sedel	*sédel*	billet
kassa	*kassa*	caisse
kvitto	*kvitto*	ticket de caisse

Jag betalar med kontanter.
yâ bétâlar mé konntannter
Je paie en liquide / en espèces.

Jag har ingen växel.
yâ hâr innguenn vèxel
Je n'ai pas de monnaie.

Tar ni kreditkort?
târ ni krédit-kou(r)tt
Acceptez-vous la carte de crédit ?

Jag har inte tillräckligt (med pengar).
yâ hâr innteu tillrèkklitt (mé pénngar)
Je n'ai pas assez (d'argent).

LA POSTE ET LE TÉLÉPHONE

Pendant ces dernières années, les postes suédoises ont lentement disparu (presque toutes). Pour envoyer vos lettres ou chercher un paquet, il faut désormais aller dans un magasin de journaux, **Pressbyrån** *préss-bûronn*. Ils sont équipés comme de vraies postes en miniature. **Televerket** (*Télévèrkett*), le réseau public de téléphone suédois, a été privatisé il y a quelques années, et aujourd'hui les acteurs se multiplient sur le marché des télécommunications, même si **Telia**, créé à partir de l'ancien **Televerket**, demeure le plus puissant en matière de téléphonie fixe… Après la disparition de la poste, voici une nouvelle surprise suédoise qui date de peu de temps : à cause du grand nombre de propriétaires de téléphones portables, les cabines téléphoniques ont été supprimées ! Il n'en reste que quelques-unes, en général dans les grandes gares. Vous pouvez, bien sûr, téléphoner de votre hôtel. Composez le 07975 ou le 07977 pour joindre le service des renseignements.

en post	*enn post*	un bureau de poste
en brevlåda	*enn brév-lôda*	une boîte à lettres
ett frimärke	*ett frî-mèrkeu*	un timbre
ett vykort	*ett vukou(r)tt*	une carte postale
ett brev	*ett brév*	une lettre
ett telegram	*ett télégramm*	un télégramme
ett kuvert	*ett kouvé(r)tt*	une enveloppe
en fax	*enn fax*	un fax
ett paket	*ett pakétt*	un paquet

Jag skulle vilja skicka ett brev / ett fax till...
yâ skulleu vilya schikka ett brév / enn fax till
Je voudrais envoyer une lettre / un fax en/au …

Frankrike	*frannkrîkeu*	France
Schweiz	*schvéits*	Suisse
Belgien	*bélguienn*	Belgique
Kanada	*kannada*	Canada

Quand ils répondent au téléphone, les Suédois disent leur nom. Vous entendrez donc, à la place de "oui" ou "allô", "Anna Johanson", "Fredrik Bergman" etc.

telefonkiosk	*téléfônn-chiosk*	cabine téléphonique
telefonkort	*téléfônn-kou(r)tt*	carte téléphonique
(mobil)telefon	*(mobîl)téléfônn*	téléphone (portable)
telefonnummer	*téléfônn-nummeur*	numéro de téléphone
telefonkatalog	*téléfônn-katalôgue*	annuaire

rikssamtal	*rikss-sammtâl*	appel national
utrikessamtal	*ûtrikéss-sammtâl*	appel international
collect call	*kollékt kôl*	appel en PCV
ett samtal till...	*ett sammtal till*	un appel pour...
hallå!	*halô*	allô !

Kan man ringa härifrån?
kann mann rinnga hèrifronn
Est-ce qu'on peut téléphoner ici ?

Var finns en telefon?
vâr finnss enn téléfônn
Où y a-t-il un téléphone ?

Måste jag slå riktnummer?
mossteu yâ slô rikt-nummeur
Dois-je composer un indicatif ?

Kan jag få ditt telefonnummer?
kann yâ fô ditt téléfônn-nummeur
Est-ce que je peux avoir ton numéro de téléphone ?

Kan jag få prata med...?
kann yâ fô prâta mé
Est-ce que je peux parler à... ?

INTERNET

Var finns ett internetcafé?
vâr finnss ett innternett-kafé
Où y a-t-il un cybercafé ?

dator	*dâtor*	ordinateur
tangentbord	*tannguénnt-bou(r)d*	clavier
mus	*mûss*	souris
skärm	*schèrm*	écran

lösenord	*leussenn-ou(r)d*	mot de passe
Web, Internet	*web, innternett*	Web
websida	*web-sîda*	site Internet

surfa på Internet
surfa pô innternett
surfer sur Internet

kolla sin mail
kolla sinn méyl
consulter ses e-mails

skriva / skicka / få ett mail
skrîva / schikka / fô ett méyl
écrire / envoyer / recevoir un e-mail

skicka per mail
schikka per méyl
envoyer par e-mail

ladda ner ett dokument
ladda nér ett dokuménnt
télécharger un document

Förbindelsen är dålig.
feurbinndélssenn èr dôligue
La connexion est mauvaise.

Vad har du för mailadress?
va hâr du feur méyl-adress
Quelle est ton adresse e-mail ?

PRENDRE DES PHOTOS

en kamera	*enn kâmera*	un appareil photo
en videokamera	*enn vîdéo-kâmera*	une caméra (vidéo)
en fotografi / ett kort / en bild	*enn fotografî / ett kou(r)tt / enn bild*	une photographie
en film	*enn film*	une pellicule
färg / svart-vit	*fèrye / sva(r)tt-vît*	couleur / noir et blanc
en blixt	*enn blixt*	un flash
ett negativ	*ett négativ*	un négatif
ett batteri	*ett batterî*	une batterie

ett minneskort	*ett minnéss-kou(r)tt*	une carte (appareils numériques)
framkalla	*frammkalla*	développer

Får jag ta ett kort?
fôr yâ tâ ett kou(r)tt
Est-ce que je peux prendre une photo ?

Kan du ta ett kort på oss?
kann du tâ ett kou(r)tt pô oss
Est-ce que tu peux nous prendre en photo ?

Jag skulle vilja ha en matt / glänsande kopia på varje kort.
yâ skûlleu vilya hâ enn mâtt / glènnssanndeu kopîa pô varyeu kou(r)tt
Je voudrais un tirage de chaque photo en mat / brillant.

LA POLICE

Parmi les policiers présents, il s'en trouvera toujours au moins un qui parle anglais, ce qui peut simplifier parfois la communication. En cas extrême, ils feront appel à un interprète qui parle votre langue.

polisen	*polissenn*	la police
en polis	*enn polis*	un policier
en polisstation	*enn polis-staschoun*	un "commissariat"

mitt pass	*mitt pass*	mon passeport
mitt identitetskort	*mitt idénntitétss-kou(r)tt*	ma carte d'identité
min plånbok	*minn plônbouk*	mon portefeuille
mina pengar	*mina pénngar*	mon argent
min väska	*minn vèsska*	mon sac
min resväska	*minn réss-vèsska*	ma valise
min dator	*minn dâtor*	mon ordinateur
min bil	*minn bîl*	ma voiture

... har blivit stulen / stulet / stulna.
hâr blivitt stûlenn / stûlett / stûlna
... a été volé(e).

Jag blev angripen / anfallen / våldtagen.
yâ blév anngripenn / annfallenn / vôld-taguenn
J'ai été agressé(e) / attaqué(e) / violé(e).

polisanmälan	*polîss-annmèlann*	plainte
intyg	*intûg*	attestation, certificat

EN CAS DE MALADIE

Nous espérons que ce chapitre vous sera complètement inutile. Cependant, en cas de besoin, voici quelques mots et expressions bien pratiques. Pour appeler les secours d'une cabine téléphonique, il suffit d'appuyer sur le bouton rouge et de faire le 112. L'appel est gratuit.

hjälp (!)	*yèlp*	secours (au secours !)
en läkare	*enn lèkaré*	un médecin
en tandläkare	*enn tannd-lèkaré*	un dentiste
ett sjukhus	*ett schûk-hûss*	un hôpital
akutintaget	*akût-inntaguett*	les urgences*
en läkarstation	*enn lèkar-staschoun*	une antenne médicale
en jouhavande läkare	*enn schour-havandé lèkaré*	un médecin de garde
en ambulans	*enn ammbulanns*	une ambulance

* C'est le service de l'hôpital qui reste toujours ouvert, de jour comme de nuit – comme en France.

Jag är sjuk.
yâ èr schûk
Je suis malade.

Jag mår illa.
yâ môr illa
J'ai mal au cœur.

Jag har feber.
yâ hâr féber
J'ai de la fièvre.

Jag har ramlat.
yâ hâr rammlatt
Je suis tombé(e).

en allergi	*enn allérguî*	une allergie
en brännskada	*enn brènn-skâda*	une brûlure
en förstoppning	*enn feu(r)-schtoppninngue*	une constipation
en diarré	*enn diaré*	une diarrhée
en vrickning / en stukning	*enn vrikkninngue / enn stûkninngue*	une entorse
ett benbrott / en fraktur	*ett bén-brott / enn fraktûr*	une fracture
ett matsmältnings-besvär	*ett mâtsmèltninngues-bessvèr*	une indigestion
ett leverproblem	*ett léver-problémm*	mal de foie
ont i halsen	*ounnt i halssenn*	mal de gorge
ont i magen	*ounnt i mâgenn*	maux d'estomac
huvudvärk	*huvud-vèrk*	migraine, maux de tête
ett sår	*ett sôr*	une plaie, une blessure
ett insektsbett	*ett inssèktss-bétt*	une piqûre d'insecte
en mygga	*enn mugga*	un moustique
en hosta	*enn houssta*	une toux
en förkylning	*enn feur-chulninngue*	un rhume
kräkas	*krèkass*	vomir
blöda	*bleuda*	saigner

Det gör ont här!
dé yeur ounnt hèr
C'est ici que j'ai mal !

Jag har ont.
yâ hâr ounnt
J'ai mal.

Dites cette phrase en indiquant du doigt l'emplacement douloureux, et vous serez aussitôt compris.

DET GÖR ONT HÄR!

(C'est ici que j'ai mal !)

• Les parties du corps

en mun	*enn munn*	une bouche
en arm	*enn arm*	un bras
en fotled	*enn fout-léd*	une cheville
ett hjärta	*ett yè(r)tta*	un cœur
ett revben	*ett rév-bénn*	une côte
ett lår	*ett lôr*	une cuisse
en tand	*enn tannd*	une dent
ett finger	*ett finnguer*	un doigt
en rygg	*enn rugg*	un dos
en axel	*enn axel*	une épaule
en tarm	*enn tarm*	un intestin
ett ben	*ett bén*	une jambe
en hand	*enn hannd*	une main
ett öra	*ett eura*	une oreille
en tå	*enn tô*	un orteil
en fot	*enn fout*	un pied
ett bröst	*ett breusst*	une poitrine
en lunga	*enn lunnga*	un poumon

en njure	*enn nyûreu*	un rein
ett huvud	*ett hûvud*	une tête
ett öga	*ett euga*	un œil

Pharmacie

En cas de problème médical mineur, les pharmacies vendent de nombreux médicaments sans ordonnance. Sachez néanmoins que beaucoup de médicaments en vente libre en France, et en particulier ceux aux effets les plus puissants, ne sont délivrés que sur ordonnance en Suède.

ett apotek	*ett apoték*	une pharmacie
ett recept	*ett récept*	une ordonnance
huvudvärkstabletter	*huvudvèrks-tablétter*	médicaments contre les maux de tête
salva	*salva*	pommade
hostmedicin	*housst-médsinn*	sirop
tablett	*tablett*	cachet, comprimé
stolpiller	*stoul-piller*	suppositoire
ett plåster	*ett ploster*	un pansement
ett förband	*ett feurbannd*	un bandage
lugnande medel / smärtstillande medel	*lugnanndé médél / smè(r)tt-stillanndé médél*	calmant, analgésique

Jag behöver någonting mot...
yâ béheuver nogonntinng môt
J'ai besoin de quelque chose contre...

LES TOILETTES

toalett	*toualett*	toilettes
WC	*vé-sé*	WC
herrtoalett	*hèrr-toualett*	toilettes pour hommes, messieurs

damtoalett	*dâmm-toualett*	toilettes pour femmes, dames
upptagen	*upptâguenn*	occupé
ledig	*lédigue*	libre

Var finns toaletten?
vâr finnss toualettenn
Où sont les toilettes ?

Har ni toalettpapper / tvål?
hâr nî toualett-papper / tvôl
Avez-vous du papier hygiénique / du savon ?

Det är rent / smutsigt.
dé èr rénnt / smutsitt
C'est propre / sale.

LES JURONS ET LA LANGUE FAMILIÈRE

Voici quelques mots que vous entendrez régulièrement, mais qu'il faut vous garder d'employer vous-même trop souvent. Pour pouvoir jurer dans une langue étrangère, il faut déjà bien la connaître...

fan*	*fânn*	putain, bordel
jävla	*yèvla*	merde, putain de (**de djävul** = diable)
skit	*schît*	merde
prata skitsnack	*prâta schît-snakk*	raconter des conneries

* Traduit littéralement, ce mot signifie "diable", et c'est le juron le plus souvent utilisé en Suède.

tjej	*chèy*	fille, femme
brallis	*bralliss*	nana
brud	*brûd*	nana (avec connotation méprisante)
kille	*killé*	gars, homme, mec (neutre)
snut	*snût*	flic
kram	*krâm*	embrassade, bisou
toa	*toâ*	toilettes, WC

ABRÉVIATIONS

bl.a.	**bland annat**	*blannd annatt*	entre autres
dvs.	**det vill säga**	*dé vill sèya*	c'est-à-dire
em.	**eftermiddag**	*éfteurmidda*	après-midi
fm.	**förmiddag**	*feurmidda*	matin
f.n.	**för närvarande**	*feur nèrvaranndé*	pour le moment
fr.o.m.	**från och med**	*fronn ock mé*	à partir de… (inclus)
obs!	**observera!**	*observéra*	attention !
osv.	**och så vidare**	*o so vidaré*	et cetera
t.ex.	**till exempel**	*till exémmpell*	par exemple
t.o.m.	**till och med**	*till o mé*	jusqu'à… (inclus)

BIBLIOGRAPHIE

Nous espérons que ce livre et votre séjour en Suède vous auront donné envie d'apprendre le suédois. L'idéal est encore de prendre des cours particuliers, d'écouter **Sveriges Radio** en ondes courtes ou, si vous en avez la possibilité, de fréquenter le Centre Culturel Suédois. Mais il est aussi possible de progresser tout seul avec *Svenska för er,* Sveriges Radio Förlag, Stockholm. Cette méthode d'apprentissage suédoise, assez exigeante, demandera de la persévérance à ceux qui étudient seuls.

Vous trouverez en Suède divers dictionnaires à des prix très abordables, n'hésitez pas à en profiter. Nous vous recommandons plus particulièrement :

Norstedts stora fransk-svenska ordbok, 1998.
74 000 mots et expressions
Norstedts stora svensk-franska ordbok, 1998.
67 000 mots et expressions

Quelques romans :

Le Chemin du serpent (Ormens väg på hälleberget), Torgny Lindgren, Actes Sud, Babel, 1985.
Ce roman nous transporte dans la Suède paysanne et archaïque du XIXe siècle. Dans un village, de terribles injustices frappent la famille du narrateur, qui s'adresse à Dieu pour lui raconter son histoire. *Le Chemin du serpent* est une œuvre fascinante et violente, le roman fondateur de Torgny Lindgren.

La Bibliothèque du capitaine Nemo (Kapten Nemos bibliotek), Per Olov Enquist, Actes Sud, 1992.
Dans un village du Nord de la Suède, deux garçons échangés à la naissance doivent retourner à leurs parents biologiques. Une petite fille arrive dans le village et devient le personnage central dans leurs vies. Avec une finesse psychologique extraordinaire et en cultivant le mystère de ses personnages, Per Olov Enquist nous livre ici une histoire tendre et cruelle de trois enfances brisées.

L'Oratoire de Noël (Juloratoriet), Göran Tunström, Actes Sud, Babel, 1992.
C'est le roman le plus connu de Göran Tunström, véritable chef-d'œuvre de réalisme magique à la scandinave. Les personnages et les destins de trois générations sont unis par la musique, le mystère et la fantaisie. On rêve, on voyage, on s'aime et on rencontre quelques célébrités... Le livre a été traduit dans plus de vingt langues.

LES MÉTHODES ASSIMIL

Collection Sans Peine

Pour vous permettre d'apprendre les langues avec plaisir et aisance, Assimil applique dans ses méthodes un principe exclusif, très simple mais efficace,

l'assimilation intuitive®

Ce principe reprend (en l'adaptant) le processus naturel grâce auquel chacun d'entre nous a appris sa langue maternelle.
Très progressivement, au moyen de dialogues vivants, de notes simples et d'exercices, Assimil vous mène du b.a.-ba à la conversation courante :
Durant la première partie de votre étude (appelée phase passive), vous vous laissez imprégner par la langue en lisant, écoutant et répétant chaque leçon.
Au bout de 50 leçons, vous entamez la phase active qui vous permet d'appliquer les structures et mécanismes assimilés, tout en continuant à progresser.

En peu de mois, quelle que soit la langue choisie, vous êtes capable de parler sans effort ni hésitation, de manière très naturelle.

Sans être exhaustifs, ces deux lexiques recensent toutefois les mots les plus utiles lors d'un séjour en Suède. Vous y trouverez le vocabulaire de base pour vous débrouiller dans la plupart des situations. Pour élargir vos connaissances, n'hésitez pas à vous procurer un vrai dictionnaire.

Pour les verbes suédois, nous vous donnons à chaque fois l'infinitif suivi de la terminaison du présent (valable à toutes les personnes). Pour les verbes irréguliers, nous indiquons les trois formes conjuguées.

Les noms suédois suivis de l'indication "(*n.*)" sont neutres, tous les autres sont non-neutres.

SUÉDOIS - FRANÇAIS

Souvenez-vous que **Å**, **Ä**, et **Ö** se trouvent à la fin de l'alphabet suédois !

A

affär	magasin
aldrig	jamais
alla	tous
allmän	commun (à tous) ; général
alltför	trop
alltid	toujours
allvarlig	sérieux
andra	deuxième
andra (*pl.*)	autres
annan ; **annat** (*n.*)	autre
annars	autrement
ansikte (*n.*)	visage
anspråkslös	modeste, simple
ansvarig	responsable
anta, -r	supposer
antingen	ou... ou, soit... soit
apelsin	orange (fruit)
arbeta, -r	travailler
arg	en colère

arm	bras
armé	armée (*nom*)
artig	poli
ask	boîte
att	à, de
av	de, par
avskyvärd	exécrable
avundsjuk	jaloux

B

baka, **-r**	faire du pain
bakom	derrière
band (*n.*)	lien ; ruban
bara	seulement
barn (*n.*)	enfant
be, **-r**	prier
be om	demander
befalla, **-er**	commander
begagnad	usagé, d'occasion
begåvad	doué
behöva, **-er**	avoir besoin de
bekväm	commode, confortable
ben (*n.*)	jambe ; os
berätta, **-r**	raconter
berg (*n.*)	montagne
berömd	célèbre
beställa, **-er**	commander
besöka, **-er**	rendre visite à
betala, **-r**	payer
betyda, **-er**	signifier, vouloir dire
bevisa, **-r**	prouver
bi (*n.*)	abeille
bil	voiture
biljett	ticket
bita, **-er**	mordre
bit	morceau
bjuda, **-er**	offrir, inviter
blad (*n.*)	feuille
bland annat	entre autres
blanda, **-r**	mélanger
blandat	mélangé
blek	pâle
bli, **-r**	devenir
bli arg	se mettre en colère
bli förskräckt	avoir peur
blixtra, **-r**	faire des éclairs
blod (*n.*)	sang
blomma	fleur
blyertspenna	crayon papier
blå	bleu
blåsa, **-er**	souffler ; avoir du vent
blöda, **-er**	saigner
bo, **-r**	habiter, demeurer
bogsera, **-r**	remorquer
bok, *pl.* **böcker**	livre
bokstav	lettre de l'alphabet
bomull	coton
bondgård	ferme
bord (*n.*)	table
borste	brosse
bort	là-bas, loin
borta	disparu, absent
bra	bien
brant	pente, à pic, abrupt
bred	large
bredvid	à côté de
brev (*n.*)	lettre
bro	pont
brokig	bigarré
bror	frère
brun	brun
bräcklig	fragile

bräda	planche
bröd (*n.*)	pain
bröst (*n.*)	sein
burk	boîte
burköppnare	ouvre-boîte
butik	magasin, boutique
by	village
bygga, **-er**	construire
byggnad	bâtiment
byta, **-er**	changer
byxor (*pl.*)	pantalon
både ... och	à la fois, et... et
båt	bateau
bädda (sängen), **-r**	faire le lit
bägare	gobelet
bälte (*n.*)	ceinture
bära, **bär**	porter
bär (*n.*)	baie (fruit)
böjlig	flexible
böra, **bör**	devoir, falloir
börja	commencer

C

chef	patron
cirkel	cercle
cykel	vélo

D

dag	jour
damm (*n.*)	poussière
de	les / ils, elles
denna	celui-ci, celle-ci
det	il, elle
detta	celui-ci, celle-ci
det finns	il y a
dimma	brouillard
diska, **-r**	faire la vaisselle
docka	poupée
domare	juge
dotter	fille
dra, **-r**	tirer
dricka, **-er**	boire
droppe	goutte
dryck	boisson
drömma, **-er**	rêver
du	tu, toi
duk	nappe
dum	bête (*adj.*)
dumhet	bêtise
duscha, **-r**	prendre une douche
dyster	morne, sombre
då	alors, alors que
dålig	mal, mauvais
där	là (*pronom démonstratif*)
där	où (*pronom relatif*)
dö, **-r**	mourir
död	mort
döda, **-r**	tuer
dörr	porte

E

efter det att	après que
efter	après
eftermiddag	après-midi
eftersom, därför att	puisque
egen	propre, à soi
eld	feu
eller	ou
eländig	misérable
en (*n.*)	un/e (*non-neutre*)
en gång till	encore une fois
ett	un/e (*neutre*)

F

far	père
farlig	dangereux
fast	bien que

farfar	grand-père (paternel)
farmor	grand-mère (paternelle)
fastän	même si
fattas	manquer
fattig	pauvre (*adj.*)
fel	faux
fet	gras (*adj.*)
fin	fin (*adj.*)
fingernagel	ongle
fiska, **-r**	pêcher
fisk	poisson
fjäder	plume
flagga	drapeau
flaska	bouteille
flicka	fille
flitig	travailleur
flod	rivière, fleuve
fluga	mouche
fly, **-r**	fuir
flyga, **-er**	voler, voyager en avion
flygplats	aéroport
flyta, **-er**	flotter
flytande	flottant
folk	peuple
fortfarande	toujours, encore
fot	pied
fotboll	ballon de foot
fram	en avant
framför	avant (spatial)
framkalla, **-r**	développer
framställa, **-er**	représenter, produire
framtid	avenir
framtida	futur
fredag	vendredi
frimärke (*n.*)	timbre
frisk	frais, bien portant
frivillig	volontaire

fru	épouse ; Madame
frukost	petit déjeuner
frukt	fruit
fruktbar	fécond
frysa, **-er**	avoir froid
fråga, **-r**	demander
från	de
fräck	insolent
främmande	étranger
fuktig	humide
ful	laid
full	plein ; soûl
fullständig	complet
fuska, **-r**	tricher
fyrkantig	carré
få	peu, quelques
få, **-r**	recevoir ; obtenir
fågel	oiseau
får (*n.*)	mouton
fängelse (*n.*)	prison
färdig	prêt, terminé
färg	couleur
färre	moins nombreux
färsk	frais
född	né
följa, **-er**	suivre
fönster (*n.*)	fenêtre
för	pour
föra, **för**	conduire, mener
förbjuden	interdit
förbrytelse	délit
före	avant (temporel)
förening	association
föreslå, **-r**	proposer
företa, **-r**	entreprendre
förgången	passé
förklara, **-r**	expliquer
förlora, **-r**	perdre

förlovad fiancé (*adj.*)
förmiddag matinée
förnamn (*n.*) prénom
förnuftig raisonnable
förolämpa, **-r** insulter
förra dernier
försena sig, **-r** être en retard
försiktig prudent
förskräcklig effroyable ; atroce
försöka, **-er** essayer
först premier
förstå, **-r** comprendre
försvinna, **-er** disparaître
förälskad amoureux

G

gaffel fourchette
galen fou, folle
gammal vieux, vieille
ganska assez, bien
gata rue
ge, **-r** donner
ge sparken licencier (*fam.*)
ge upp laisser tomber
gemen ignoble, vilain
genom par, à travers
genomskinlig transparent
get chèvre
gevär (*n.*) fusil
gift marié
gifta sig, **-er** se marier
giltig valable
girig avare
gissa, **-r** deviner
glaciär glacier
glad gai
glo, **-r** regarder, mater
glädja sig åt se réjouir de
glömma, **-er** oublier
god bon
golv (*n.*) sol
gräla, **-r** se disputer
gräsmattan pelouse
gräva, **-er** creuser
granne voisin
gravid enceinte
gripa, **-er** saisir, attraper
gris cochon
groda grenouille
grov brut
grym cruel
gryta marmite ; ragoût
grå gris
gråta, **-er** pleurer
grön vert
grönsaker (*pl.*) légumes
guld (*n.*) or
gummiband (*n.*) élastique
gummistövlar (*pl.*) bottes en caoutchouc
gul jaune
gå, **-r** aller, marcher
gå bort partir
gälla, **-er** s'agir de
gärna avec plaisir
göra, **gör** faire

H

ha, **-r** avoir
ha lust avoir envie
ha på sig porter
haka menton
hal glissant
hamn port
han il, lui
hand main
handduk serviette
handla, **-r** faire les courses
handske gant

handväska	sac à main
hare	lièvre
hata, **-r**	détester
hatt	chapeau
hav (*n.*)	mer
hel	entier
helig	saint
hem (*n.*)	maison
hemlig	secret
hemma	à la maison, chez soi
herr	Monsieur
heta, **-er**	s'appeler
het	brûlant
hink	seau
hiss	ascenseur
historia	histoire
hit	ici
hitta, **-r**	trouver
hjul (*n.*)	roue
hjälm	casque
hjälpa, **-er**	aider
hjärta (*n.*)	cœur
hon	elle
honung	miel
hoppas (*inf. = présent*)	espérer
hos	chez
hud	peau
hugga, **-er**	donner un coup
humör (*n.*)	humeur
hund	chien
hunger	faim
hungrig (vara...)	avoir faim
hur	comment
hus (*n.*)	maison
huvud (*n.*)	tête
huvud-	... principal
hylla	étagère
hyra, **hyr**	louer
hål (*n.*)	trou
hålla, **-er**	tenir
hår (*pl.*)	cheveux
hård	dur
hälla, **-er**	verser, mettre
hälsa, **-r**	saluer
hämta, **-r**	aller chercher
hända, **-er**	arriver
här	ici
häst	cheval
hög	haut
hög	tas
höger	droite
högtalare	haut-parleur
höna	poule
hörn (*n.*)	coin
höst	automne

I

i	à ; dans ; en
i fjol	l'année dernière
i förrgår	avant-hier
i morgon	demain
i övermorgon	après-demain
idag	aujourd'hui
idrott	sport
igen	encore, de nouveau
igår	hier
ihålig	creux
in	dedans
ingen	aucun ; personne
ingenting	ne... rien
innan	avant que
inne	à l'intérieur
inre	intérieur (adj.)
inte	ne... pas
is	glace

J

ja	oui
jag	je

jeans	jean
jord	terre
jordgubbe	fraise
ju...desto	plus... plus
jul	Noël
järnväg	chemin de fer

K

kaka	gâteau
kall	froid
kamma, -r	peigner
kanske	peut-être
karamell	bonbon
karta	carte, plan
kasta, -r	jeter
katt	chat
kedja	chaîne
kille	garçon, mec
kissa, -r	faire pipi
kista	coffre
kittel	fait-tout (récipient de cuisine)
kjol	jupe
klappa, -r	caresser
klara, -r	se débrouiller
klia, -r	démanger ; se gratter
klocka	horloge, montre
klok	intelligent
klumpig	maladroit
klä av, -r	déshabiller
klä om sig, -r	se changer
klä på sig, -r	s'habiller
klänning	robe
knä (*n.*)	genou
knapp	bouton
knappt	juste, à peine
kniv	couteau
knut	nœud
knycka, -er	chiper
knåda, -r	pétrir
kock	cuisinier
koka	bouillir, faire bouillir
kokt	bouilli
kol (*n.*)	charbon
komma, -er	arriver, venir
komma ihåg	se souvenir
kommun	commune (*nom*)
konstgjord	artificiel
kontor (*n.*)	bureau
kontrakt (*n.*)	contrat
korg	panier, corbeille
korkskruv	tire-bouchon
kort (*n.*)	carte
kort	court
krita	craie
krona	couronne
kropp	corps
krypa, -er	ramper
kudde	coussin, oreiller
kula	balle, bille
kulspetspenna	stylo-bille
kunna, kan	pouvoir ; savoir
kuslig	lugubre
kväll	soir
kvinna	femme
kvinnlig	féminine
kvist	branche
kvitto (*n.*)	reçu
kylskåp (*n.*)	réfrigérateur
kyrka	église
kyrkogård	cimetière
kyssa, -er	embrasser
kyss	baiser
källa	source
kämpa, -r	lutter, se battre
kändis	célébrité

känna, **-er**	connaître, reconnaître ; sentir
känslig	sensible
kär	cher
kärlek	amour
kök (*n.*)	cuisine
kön (*n.*)	sexe
köpa, **-er**	acheter
körsbär (*n.*)	cerise
kött (*n.*)	viande

L

lag	équipe
land (*n.*)	pays ; campagne
lapp	bout de papier, chiffon
lat	paresseux, feignant
ledig	libre, inoccupé
ledsen	triste
legitimation	pièce d'identité
leka, **-er**	jouer
lekplats	terrain de jeu
leta efter, **-r**	chercher
leva, **-er**	vivre
levande	vivant
liftare	auto-stoppeur
ligga, **-er**	être couché
lik	cadavre
lik	pareil, égal à
lim (*n.*)	colle
liten	petit
liv (*n.*)	vie
livsmedel (*pl.*)	vivres
ljuga, **-er**	mentir
ljum	tiède
ljus	clair
ljus (*n.*)	lumière, bougie
lova, **-r**	promettre
lugn	calme
lukta, **-r**	sentir
lura, **-r**	tromper
lust	envie
lycklig	heureux
lyfta, **-er**	soulever
låda	boîte
låg	bas
låna ut, **-r**	prêter
långsam	tardif, long
långfärdsskridskor	patin de randonnée
långtråkig	ennuyeux
läder (*n.*)	cuir
lägenhet	appartement
lägga, **-er**	mettre, poser
läkare	médecin
lämna, **-r**	laisser
lämplig	convenable
längs	tout le long de
längta efter, **-r**	désirer
läpp	lèvre
lära känna, **lär**	faire la connaissance
lära sig	apprendre
lärare	professeur
läsa, **-er**	lire
lätt	facile
löjlig	ridicule
lök	oignon
lördag	samedi
lös	lâche

M

mage	estomac
make	époux
man	homme
manlig	masculin
mask	ver de terre
marmelad	marmelade, confiture

mat nourriture
med avec
medan (*conj.*) pendant que
mellan entre
men mais
mening opinion
mjöl (*n.*) farine
mjölk lait
mjuk mou
mogen mûr
moln (*n.*) nuage
mor mère
morfar grand-père (maternel)
morgon matin
mormor grand-mère (maternelle)
motorcykel moto
mun bouche
mur mur
mus souris
mycket beaucoup ; très
mygga moustique
myggbett (*n.*) piqûre de moustique
mynt (*n.*) pièce de monnaie
myra fourmi
månad mois
måndag lundi
måne lune
många beaucoup, bien des, nombreux
måste (*présent et imparfait*) doit
människa être humain
mäta, -er mesurer
mätt rassasié
möjlig possible
mörda, -r assassiner
mörk sombre
mössa casquette, bonnet
möta, -er rencontrer

N

naken nu
namn (*n.*) nom
natt nuit
nej non
ner en bas, vers le bas
nere en bas ; à plat
ni vous
njuta, -er jouir de, savourer
norska norvégien
nu maintenant
ny nouveau
nyckel clé
nyfiken curieux
nykter sobre
nypa, -er pincer
nysa, -er éternuer
nyttig utile
någon quelqu'un
något quelque chose
några quelques
nål aiguille
när proche
när quand (*temporel*)
nära de près, proche
närmast le plus proche
näsa nez
nästa le prochain
nästan presque
nät (*n.*) un filet
nödvändig nécessaire
nöjd satisfait
nöt noisette, noix

O

o-	in-
och	et
också	aussi
offentlig	public
ofta	souvent
ogift	célibataire
olik	différent
olja	huile
om	si ; au sujet de ; pour
omkring	autour
onsdag	mercredi
ord (*n.*)	mot
orm	serpent
ort	endroit
oskyldig	innocent
ost	fromage

P

paket (*n.*)	paquet
paraply (*n.*)	parapluie
pengar (*pl.*)	l'argent
penna	crayon, stylo
perrong	quai
persika	pêche
pina, -r	faire souffrir
pinsam	pénible
pipa	pipe
planta	plante
plats	place
platt	plat
plötslig	soudain
pojke	garçon, gars
polcirkel	cercle polaire
polis	un policier, la police
potatis	pomme de terre
prata, -r	parler
precis	précis ; exactement
prova, -r	essayer
punktlig	ponctuel
päron (*n.*)	poire
pöl	flaque

R

rak	droit
ram	cadre
rapa, -r	roter
rasande	furieux
regn (*n.*)	pluie
regna, -r	pleuvoir
rekommendera, -r	recommander
ren	propre
resa, -er	voyager
resenär	voyageur
resväska	valise
rida, -er	faire du cheval
rik	riche
riktig	juste
ringa, -er	sonner, téléphoner
ringklocka	sonnette
ris (*n.*)	riz
riva, -er	griffer ; démolir
rock	manteau
rolig	amusant
ropa, -r	appeler
rot (*pl.* **rötter**)	racine
rum (*n.*)	chambre
rutten	pourri
rå	cru
rådjur (*n.*)	chevreuil
råtta	rat
räkna, -r	compter ; calculer
räkning	facture
rättvis	juste, équitable
röd	rouge

röka, -er	fumer
rök	fumée

S

sak	chose ; affaire
salt (*n.*)	sel
samma	même
samtala, -r	s'entretenir
sann	vrai
sannolik	vraisemblable
sax	ciseaux
se, -r	voir
sedan	ensuite, après
segel (*n.*)	voile
semester	congé
sen	tardif
senap	moutarde
senare	plus tard, postérieur, suivant
sida	un côté
silver (*n.*)	de l'argent (métal précieux)
simma, -r	nager
sist	dernier
sitta, -er	être assis
sjal	châle
själ	âme
sjö	lac
sjuk	malade
sjukhus (*n.*)	hôpital
sjunga, -er	chanter
skadlig	nuisible, malsain
skarp	aigu, coupant
skatt	trésor
sked	cuillère
skena	rail
skicka, -r	envoyer
skidor (*pl.*)	skis
skild	divorcé
skina, -er	briller
skinka	jambon
skit	merde (*nom*)
skivspelare	tourne-disques
skjorta	chemise
skjuta, -er	tirer ; repousser
sko	chaussure
skog	forêt
skola	école
skola, ska	aller (*construction du futur*)
skolka, -r	sécher les cours
skratta, -r	rire
skrika, -er	crier
skriva, -er	écrire
skruv	vis
skruvmejsel	tournevis
skryta, -er	se vanter
skråla, -r	crier à tue-tête
skräp (*n.*)	bric-à-brac
skugga	ombre
skuld	dette
skylt	enseigne
skynda sig, -r	se dépêcher
skål	coupe ; toast
skåp (*n.*)	armoire
skämmas, skäms	avoir honte
skämt (*n.*)	plaisanterie
skära, skär	couper
sköta, -er	soigner
slagsmål (*n.*)	bagarre
slank	svelte
slask (*n.*)	boue
slemmig	visqueux, gluant
slicka, -r	lécher
slippa, -er	éviter
slott (*n.*)	château
slug	malin
sluta, -r	finir ; se fermer

slutligen	finalement
slå, **-r**	battre
släcka, **-er**	éteindre ; étancher
smal	étroit ; mince
smycke (*n.*)	bijou
små (*pl.*)	petits
småfranska	petit pain
småpengar (*pl.*)	la monnaie
smör (*n.*)	beurre
smörgås	sandwich, tartine
snabb	rapide
snaps	eau-de-vie
snarka, **-r**	ronfler
snart	bientôt
snål	avare
snäll	gentil
snö	neige
snöa, **-r**	neiger
socker (*n.*)	sucre
sol	soleil
som	qui ; lequel, laquelle
son	fils
sopor (*pl.*)	ordures
sova, **-er**	dormir
späd	tendre, fin
spegel	miroir
spela, **-r**	jouer
spets	pointe
spetsig	pointu
spik	clou
spindel	araignée
spinna, **-er**	filer
springa, **-er**	courir
spy, **-r**	gerber
spår (*n.*)	trace
spöke (*n.*)	fantôme
stad	ville
staket (*n.*)	clôture
stanna, **-r**	rester
stark	fort
station	station, gare
stege	une échelle
steka, **-er**	cuire, rôtir
stekt	cuit
stickkontakt	prise (électrique)
stiga, **-er**	se lever
stiga av	descendre
stiga in	entrer
stjärna	étoile
stol	chaise
stolt	fier
stor	grand
strumpa	chaussette
stryka, **-er**	repasser
strykjärn (*n.*)	fer à repasser
ström	torrent ; courant (électrique)
stuga	maison de campagne (typiquement scandinave)
styv	raide
stå, **-r**	être debout
ställa, **-er**	mettre, placer
stänga, **-er**	fermer
stängt	fermé
störa, **stör**	déranger
stöta, **-er**	écraser ; repousser
stövel	botte
sund	sain
supa, **-er**	boire, se soûler
sur	acide, aigre ; renfrogné
svag	faible
svamp	champignon
svans	queue
svart	noir

svartsjuk	jaloux
svensk	suédois (*adj.*)
svenska	suédois (langue)
svenska	Suédoise
svår	difficile
svänga, -er	tourner
sy, -r	coudre
syster	sœur
så	ainsi
så att	tellement que ; pour que
sång	chant, chanson
såra, -r	blesser
sälja, -er	vendre
söndag	dimanche
sönder	en morceaux
söt	sucré ; joli

T

ta bort, -r	ôter, enlever
tack	merci
tak (*n.*)	toit
tala, -r	parler
tam	apprivoisé, domestiqué
tand	dent
tandborste	brosse à dents
tandkräm	dentifrice
tandläkare	dentiste
tecken (*n.*)	signe, caractère
tegelsten	brique
tenta	examen
teve	téléviseur
tid	temps
tidning	journal
tidskrift	magazine
tidtabell	horaire
tigga, -er	mendier
till och med	même
till, tills	à, jusqu'à
tillbaka	en arrière
tillfällig	occasionnel
tillhöra, tillhör	appartenir à
tillsammans	ensemble
tilltala, -r	s'adresser à
tillåta, -er	permettre
timme	heure
tisdag	mardi
titta, -r	regarder (vers)
tjej	jeune femme
tjock	gros
toa	toilette
tom	vide
torg (*n.*)	place
torka av, -r	essuyer
torn (*n.*)	(une) tour
torsdag	jeudi
trappa	escalier
trevlig	agréable
tro, -r	croire, supposer
trogen	fidèle
trubbig	obtus
tråd	fil
tråkig	ennuyeux
trång	étroit
trä (*n.*)	bois
träd (*n.*)	arbre
träda, -er	marcher
trädgård	jardin
trött	fatigué
tuggummi (*n.*)	chewing-gum
tumme	pouce
tung	lourd
tunga	langue (organe)
tunn	mince
tunnelbana	métro
tvinga, -er	forcer
tvål	savon
tvärs	transversalement

tvätta, -r	laver
tycka, -er	penser, trouver
tydlig	distinct
tysk	allemand (*adj.*)
tyska	allemand (langue) ; Allemande
tyst	silencieux
tå	orteil
tåg (*n.*)	train
tålmodig	patient
täcke (*n.*)	couverture
tält (*n.*)	tente
tända, -er	allumer
tändsticka	allumette
tänka, -er	penser
tänka efter, -er	réfléchir
tät	dense
tävling	compétition
törstig	assoiffé

U

ugn	four
under (*n.*)	miracle
under (*prép.*)	sous ; au-dessous de ; pendant que
underbyxor (*pl.*)	culotte
undertröja	tricot de peau
ung	jeune
ungefär	à peu près, environ
upp	haut, vers le haut
uppe	en haut
uppfinna, -er	inventer
upprepa, -r	répéter
ur	hors de
ursprungligen	à l'origine
ut	dehors
utan	sans
ute	dehors
utländsk	étranger

V

vacker	beau, joli
vad	quoi ; quel, quelle ; que, comme
vagn	voiture, charrette, wagon
vaken	réveillé
vakna, -r	se réveiller
val (*n.*)	choix ; élection
vapen (*n.*)	arme
vara, är	être
vara rädd	avoir peur
vara slut	être terminé
var (question)	où
varför	pourquoi
varje	chaque, tout
varken... eller	ni... ni
varuhus (*n.*)	grand magasin
vatten (*n.*)	eau
vattenfall (*n.*)	cascade, chute d'eau
vecka	semaine
vem	qui ; lequel
verkligen	vraiment
verktyg (*n.*)	outil
veta, vet	savoir, connaître
vi	nous
vid	près de, à, vers
vid	large
vidare	autre ; davantage
viktig	important
vild	sauvage

vilja, vill vouloir
vilken qui ; dont ; que ; lequel
vin (*n.*) vin
vind vent
vinge aile
vinna, -er gagner
vis sage (*adj.*)
visa, -r montrer
vit blanc
vuxen adulte
vykort (*n.*) carte postale
våga, -r oser
våg balance ; vague
vår printemps
våt mouillé
väder (*n.*) temps (météo)
väg, -en chemin
väga, -er peser
vägg mur
välja, -er choisir
vän ami
vända, -er tourner
vänlig aimable
vännina amie
vänster gauche
vänta, -r attendre
värdefull de valeur
värld monde
växa, -er croître

Y

ylle (*n.*) laine
yra, -r délirer
yrke (*n.*) profession
yrkesarbete (*n.*) travail professionnel

Å

åka, -er aller
åka skidor faire du ski
ånga vapeur
år (*n.*) an
åska tonnerre
åt à, pour
åter de nouveau ; en arrière
åtminstone au moins

Ä

äga, -er posséder
ägg œuf
äkta vrai
älska aimer
älv rivière
än que, de
ännu encore
äpple (*n.*) pomme
ärlig honnête
äta, -er, åt manger
även om même si

Ö

ö île
ödelagd dévasté
öga (*n.*, *pl.* **ögon**) œil
öl bière
öm tendre ; sensible
öra (*pl.* **öron**) oreille
öst est
över sur
överfart trajet, passage

A

à	**till** ; **i** ; **vid** ; **på**
à côté de	**vid sidan om**
à droite	**till höger**
à gauche	**till vänster**
à la maison	**hemma**
à peine	**knappast**
à temps	**i tid**
abîmé	**sliten**
accident	**olycka**
acheter	**köpa**, **-er**
addition	**nota**
aéroport	**flygplats**
affectueux	**vänlig**, **hjärtlig**
agréable	**angenäm**
agriculture	**jordbruk** (*n.*)
aider	**hjälpa**, **-er**
aimable	**älskvärd**
aimer	**älska**, **-r**
air	**luft**
aller	**gå**, **-r** ; **åka**, **-er**
allumer	**tända**, **-er**
alors	**då**, **den gången**
améliorer	**förbättra**, **-r**
ami(e)	**vän**
an, année	**år** (*n.*)
ancien	**gammal**
animal	**djur** (*n.*)
anniversaire	**födelsedag**
annoncer	**meddela**, **-r**
appeler	**ropa på**, **-r**
appeler (s')	**heta**, **-er**
apporter	**medföra**, **medför**
apprendre	**få veta**, **får** ; **lära sig**, **lär**
après	**efter**
après-demain	**övermorgon**
après-midi	**eftermiddag**
araignée	**spindel**
arbre	**träd** (*n.*)
argent	**pengar** (*pl.*) ; **silver** (*n.*)
armoire	**skåp** (*n.*)
arranger	**ordna**, **-r**
arrêt	**hållplats**
arrêter de	**sluta**, **-r**
arriver	**komma (fram)**, **-er**
ascenseur	**hiss**
aspect	**yttre** (*n.*)
asseoir (s')	**sätta**, **-er**
assez	**nog**
assiette	**tallrik**
atelier	**verkstad**
attendre	**vänta**, **-r**
attention	**uppmärksamhet**
au moins	**åtminstone**
au revoir	**hej då**
au total	**totalt**
aucun	**någon** ; **ingen**
aujourd'hui	**idag**
aussi	**också**
autant	**lika mycket**
authentique	**autentisk**
autobus	**buss**
automne	**höst**
autoroute	**motorväg**
autre	**annan (en ~)**
autrement	**annorlunda**
avant	**innan**, **före**
avec	**med**
avec moi	**med mig**
avec plaisir	**med nöje**
avenir	**framtid**
avenue	**aveny**
avion	**flygplan** (*n.*)
avoir	**ha**, **-r** ; **äga**, **-er**
avoir besoin	**behöva**, **-er**
avoir du vent	**blåsa**, **-er**

B	
baiser (embrasser)	**kyssa, -er**
balle	**boll**
banc	**bänk**
banque	**bank**
bas	**nedre** ; **låg**
bateau	**båt**
bâtiment	**byggnad**
bavarder	**pladdra, -r**
beau	**vacker**
beaucoup	**mycket** ; **många**
Belge	**belgare**
Belgique	**Belgien**
besoin	**behov** (*n.*)
beurre	**smör** (*n.*)
bien	**bra**
bientôt	**snart**
bière	**öl**
bistrot	**krog**
blanc	**vit**
bleu	**blå**
blond	**blond**
boire	**dricka, -er**
bois	**trä** (*n.*)
bois (forêt)	**skog**
boîte	**burk**
bon marché	**billig**
bonheur	**lycka**
boucherie	**slakteri** (*n.*)
bougie	**stearinljus** (*n.*)
boulangerie	**bageri** (*n.*)
bouteille	**flaska**
boutique	**butik**
bras	**arm**
brosse	**borste**
bruit	**ljud** (*n.*)
brun	**brun**
bureau (endroit)	**kontor** (*n.*)
bureau (meuble)	**skrivbord** (*n.*)

C	
ça	**detta** ; **det här**
cadeau	**gåva**
café (endroit)	**kafé** (*n.*)
café (boisson)	**kaffe** (*n.*)
caisse	**kassa**
campagne	**land** (*n.*)
Canada	**Kanada**
Canadien	**kanadensare**
Canadienne	**kanadensiska**
canif	**pennkniv**
capitale	**huvudstad**
carré	**fyrkant**
carte postale	**vykort** (*n.*)
cassé	**trasig**
ce que	**det som**
ceci	**det här** ; **detta**
celui-là	**den här** ; **det här**
celle-là	**den här** ; **det här**
cendrier	**askfat** (*n.*)
centre	**centrum** (*n.*)
certain	**säker**
chaise	**stol**
chaleur	**värme**
chambre	**rum** (*n.*)
chance	**chans**
champ	**fält** (*n.*)
changer	**byta, -er**
chanson	**sång**
chanter	**sjunga, -er**
chapeau	**hatt**
chaque	**varje**
chat	**katt**
château	**slott** (*n.*)
chaud	**varm**
chauffage	**uppvärmning**
chaussettes	**strumpor** (*pl.*)
chaussures	**skor** (*pl.*)
chemin	**väg**
chemin de fer	**järnväg**
chemise	**skjorta**

chèque	**check**
cher (coût)	**dyr**
cher (aimé)	**kär**
chercher	**söka**, **-er**
cheveux	**hår** (*pl.*)
chien	**hund**
chose	**sak**
cigarette	**cigarett**
citron	**citron**
clair	**ljus**
clé	**nyckel**
clou	**spik**
cœur	**hjärta** (*n.*)
combien	**hur mycket** ; **hur många**
comestible	**ätbar**
comme	**som** ; **eftersom**
comme ça	**så här**
commencer	**påbörja**, **-r**
comment	**hur**
commode	**passande** (*adj.*)
complet	**komplett**
comprendre	**förstå**, **-r**
compter	**räkna**, **-r**
conduire	**köra**, **kör** ; **leda**, **-er**
confiture	**sylt**
connaître	**känna**, **-er**
connu	**känd**
consulat	**konsulat** (*n.*)
content	**nöjd**
continuer	**fortsätta**, **-er**
contrat	**kontrakt** (*n.*)
convaincre	**övertyga**, **-r**
costume	**kostym**
côté	**sida**
côte (os)	**revben** (*n.*)
côte (littoral)	**strand**
côtelette	**kotlett**
couleur	**färg**
coup	**slag** (*n.*)
couronne	**krona**
cours	**kurs**
courtois	**artig**
couteau	**kniv**
coûter	**kosta**, **-r**
couvert	**matbestick** (*pl.*)
couverture	**täcke** (*n.*)
crayon	**(blyerts) penna**
crier	**skrika**, **-er**
croire	**tro**, **-r**
cuillère	**sked**
cuir	**läder** (*n.*)
cuisine	**kök** (*n.*)

D

d'accord	**okej**
dame	**dam**
danger	**fara**
dangereux	**farlig**
dans	**i**
danse	**dans**
davantage	**mer**
de	**från**
de cette façon	**på så sätt**
de rien	**varsågod**, **ingen orsak**
décembre	**december**
décevoir	**svika**, **-er**
dedans	**inuti** ; **inne**
dehors	**ute** ; **utanför**
déjà	**redan**
demain	**imorgon**
demander	**fråga**, **-r**
demoiselle	**fröken**
dent	**tand**
dentiste	**tandläkare**
dépenser	**spendera**, **-r**
depuis	**sedan**
dernier	**sist** ; **senast**
derrière	**bakom**
descendre	**gå av**, **går**
désirer	**önska**, **-r**
dessert	**efterrätt**

dessin	**teckning**
destin	**öde** (*n.*)
détester	**hata, -r**
devant	**framför**
devoir (*nom*)	**plikt**
dieu	**gud**
différence	**skillnad**
difficile	**svår**
dimanche	**söndag**
dîner (*nom*)	**middag**
dire	**säga, -er**
direction	**riktning**
disque	**skiva**
distrait	**disträ**
doigt	**finger** (*n.*)
dommage (*nom*)	**skada**
donc	**alltså**
donner	**ge, -r**
dormir	**sova- er**
double	**dubbel**
douche	**dusch**
doué	**begåvad**
douleur	**smärta**
doute	**tvivel** (*n.*)
drap	**lakan** (*n.*)
dur	**hård**

E

eau	**vatten** (*n.*)
école	**skola**
écrire	**skriva, -er**
égal	**likställd**
église	**kyrka**
élève	**elev**
elle	**hon ; den, det**
employé (*nom*)	**anställd**
emporter	**föra bort, för**
en	**i**
en face	**mittemot**
enchanté	**förtrollad**
encore	**igen**
encore une fois	**en gång till**
endroit	**ställe** (*n.*)
enfant	**barn** (*n.*)
enfin	**slutligen**
enlever	**förta, -r**
ennuyeux	**tråkig**
ensemble	**tillsammans**
ensuite	**sedan**
entendre	**höra, hör**
entier	**hel**
entre	**mellan**
entrée	**entré**
entrée libre	**fritt entré**
entrer	**gå in, -r**
enveloppe	**kuvert** (*n.*)
envoyer	**skicka, -r**
épouse	**fru**
époux	**make**
espèce (argent)	**kontanter** (*pl.*)
espèce (sorte)	**sort**
essayer	**försöka, -er**
essence	**bensin**
et	**och**
étage	**våning**
été	**sommar**
éteindre	**släcka, -er**
étranger (*adj.*)	**utländsk ; främmande**
étranger (*nom*)	**utlänning ; främling**
être	**vara**
étroit	**trång**
étudier	**studera, -r**
européen	**europeisk**
examen	**tenta**
excellent	**utmärkt**
excursion	**utflykt**
expérience	**upplevelse**
expliquer	**förklara, -r**
exporter	**exportera, -r**

F

facile	**lätt ; enkel**
faim	**hunger**

faire	**göra, gör**
faire la vaisselle	**diska, -r**
faire mal	**göra ont, gör**
faire une promenade	**promenera, -r**
farine	**mjöl** (*n.*)
fatigué	**trött**
faute	**fel** (*n.*)
fauteuil	**fåtölj**
faveur	**tjänst**
féliciter	**gratulera, -r**
femme	**kvinna**
fenêtre	**fönster** (*n.*)
fermer	**stänga, -er**
feu	**eld**
feuille	**blad** (*n.*)
février	**februari**
fiancé	**fästman**
fiancée	**fästmö**
fièvre	**feber**
fille	**flicka ; dotter**
fils	**son**
fin (*nom*)	**slut** (*n.*)
fin (*adj.*)	**fin ; tunn**
fleur	**blomma**
fleuve	**flod**
fois	**gång**
fonctionner	**fungera, -r**
fontaine	**fontän**
forêt	**skog**
fort	**stark**
fou	**galen**
fourchette	**gaffel**
fraise	**jordgubbe**
France	**Frankrike**
français (*adj.*)	**fransk, franska**
Français	**fransman**
Française	**fransyska**
frère	**bror**
frit	**friterad**
froid	**kall**
fromage	**ost**
fruit	**frukt**
fumer	**röka, -er**

G

gagner	**vinna, -er ; tjäna, -r**
garage	**garage** (*n.*)
garçon	**pojke, kille**
gare	**station**
garer	**parkera, -r**
gâteau	**kaka**
gauche	**vänster**
genou	**knä** (*n.*)
gens	**folk** (*pl.*)
glace	**glass ; is**
goût	**smak**
goûter	**smaka, -r**
goutte	**droppe**
graisse	**fett** (*n.*)
grand	**stor**
grand-mère (maternelle)	**mormor**
grand-mère (paternelle)	**farmor**
grand-père (maternel)	**morfar**
grand-père (paternel)	**farfar**
gris	**grå**
gros	**tjock**

H

haricot	**böna**
haut	**hög**
heure	**timme**
heureux	**lycklig**
hier	**igår**
hiver	**vinter**
homme	**man**
hôpital	**sjukhus** (*n.*)
hôte	**värd**
huile	**olja**

huile d'olive	**olivolja**
humide	**fuktig**

I

ici	**här**, **hit**
il	**han** ; **den**, **det**
il faut	**det är nödvändigt att** + *infinitif*
il s'agit de	**det handlar om**
il y a	**det finns**
île	**ö**
important	**viktig**
impossible	**omöjlig**
impôt	**skatt**
impression	**intryck** (*n.*)
inclus	**inberäknad**
incommoder	**besvära**, **-r**
intention	**avsikt**
interdire	**förbjuda**, **-er**
interview	**intervju**
invitation	**inbjudan**
inviter	**bjuda**, **-er**

J

jamais	**aldrig**
jambon	**skinka**
janvier	**januari**
jardin	**trädgård**
jaune	**gul**
je	**jag**
jeter	**slänga**, **-er**
jeudi	**torsdag**
jeune	**ung**
jeune homme	**ung man**
joie	**glädje**
joli	**vacker** ; **söt**
jouer	**spela**, **-r**
jour	**dag**
journal	**tidning**
jupe	**kjol**
jus	**juice**
jusqu'à	**tills**
jusqu'à ce que	**till dess att**

L

la	**henne** ; **den**, **det**
là	**där** ; **dit**
là-bas	**där borta**
lac	**sjö**
laid	**ful**
laine	**ull**
laisser (quitter)	**lämna**, **-r**
laisser (permettre)	**tillåta**, **-er**
lait	**mjölk**
lampe	**lampa**
large	**bred**
lavabo	**tvättställ** (*n.*)
le	**honom** ; **den**, **det**
léger	**lätt**
légumes	**grönsaker** (*pl.*)
lent	**långsam**
lentement	**långsamt**
lequel	**vilken**, **vilket**
lettre	**brev** (*n.*)
libre	**fri**
lire	**läsa**, **-er**
lit	**säng**
litre	**liter**
livre	**bok**
loin	**långt** ; **långt bort**
long	**lång**
longtemps	**länge**
louer	**hyra**, **hyr**
lourd	**tung**
lumière	**ljus** (*n.*)
lunettes	**glasögon** (*pl.*)
lundi	**måndag**
lutter	**kämpa**, **-r**

M

machine	**maskin**
main	**hand**
maintenant	**nu**
mais	**men**
maison	**hus** (*n.*)
mal (*nom*)	**ont** (*n.*)

malade	**sjuk**
malheureux	**olycklig**
malheureusement	**olyckligtvis**
manger	**äta, -er**
manquer	**missa, -r**
manteau	**rock**
marché	**marknad**
marcher	**gå, -r**
mardi	**tisdag**
mari	**make**
mariage	**äktenskap** (*n.*)
marié (*adj.*)	**gift**
marron (*nom*)	**kastanje**
matin	**morgon**
matinée	**förmiddag**
me	**mig**
médecin	**läkare**
meilleur	**bättre**
même	**samma**
mer	**hav** (*n.*)
merci	**tack**
mercredi	**onsdag**
mère	**mor**
métro	**tunnelbana**
mettre	**sätta, -er** ; **ställa, -er**
meuble	**möbel**
miel	**honung**
mieux	**bättre**
moins	**mindre**
mois	**månad**
moitié	**hälft**
monde	**värld**
monnaie	**småpengar** (*pl.*)
monsieur	**herre**
montagne	**berg** (*n.*)
monter	**stiga upp, -er**
montre (*nom*)	**klocka**
montrer	**visa, -r**
morceau	**bit**
mot	**ord** (*n.*)
moto	**motorcykel**
mouchoir	**näsduk**
mourir	**dö, -r**
mur	**vägg**
musée	**museum** (*n.*)

N

nager	**simma, -r**
naître	**födas**
nécessaire	**nödvändig**
neige	**snö**
neiger	**snöa, -r**
nettoyer	**rengöra, rengör**
neuf	**ny**
nez	**näsa**
Noël	**jul**
noir	**svart**
nom	**namn** (*n.*) ; **förnamn** (*n.*)
nom de famille	**efternamn** (*n.*)
nombre	**tal** (*n.*) ; **antal** (*n.*)
non	**nej**
non plus	**inte heller**
nord	**nord**
nourriture	**mat**
nous	**vi**
nouveau	**ny**
nouvelle (*nom*)	**nyhet**
nuage	**moln** (*n.*)
nuit	**natt**
numéro	**nummer** (*n.*)

O

œil	**öga** (*n.*)
œuf	**ägg** (*n.*)
oignon	**lök**
oiseau	**fågel**
ombre	**skugga**
oncle	**farbror / morbror**
opinion	**åsikt**
opportunité	**tillfälle** (*n.*)
ordonnance	**recept** (*n.*)

oreille	**öra** (*n.* ; *pl.* **öron**)
orteil	**tå**
où	**var**
oublier	**glömma**, **-er**
ouest	**väst**
ouvrier	**arbetare**

P

paille	**halm**
pain	**bröd** (*n.*)
pantalon	**byxa**
papier	**papper**
Pâques	**påsk**
paquet	**paket** (*n.*)
par exemple	**till exempel**
parapluie	**paraply** (*n.*)
parc	**park**
parce que	**därför att**
pardon (*nom*)	**ursäkt**
pardonner	**förlåta**, **-er**
parents	**föräldrar** (*pl.*)
parfois	**ibland**
parking	**parkering**
parler	**prata**, **-r**
parole	**ord** (*n.*)
partie (*nom*)	**del**
partir	**resa**, **-er** ; **avgå**, **-r**
pas, ne pas	**inte**
passé	**förbi**
passeport	**pass** (*n.*)
passer	**passera**, **-r**
patin de randonnée	**långfärdsskridskor**
patron	**chef**
pauvre	**fattig**
payer	**betala**, **-r**
pays	**land** (*n.*)
paysage	**landskap** (*n.*)
peau	**hud** (*n.*)
pêche	**fiske** (*n.*)
pêcher	**fiska**, **-r**
peigne	**kam**
peignoir	**badkappa**
peindre	**måla**, **-r**
peine	**bekymmer** (*n.*)
perdre	**förlora**, **-r**
père	**far**
permettre	**tillåta**, **-er**
permis (de conduire)	**körkort** (*n.*)
persil	**persilja**
personne	**person** (*nom*) ; **ingen** (*pronom*)
petit	**liten**
petit déjeuner	**frukost**
peu	**lite**
peut-être	**kanske**
phare (voiture)	**strålkastare**
pharmacie	**apotek** (*n.*)
photo	**foto** (*n.*)
pied	**fot**
pigeon	**duva**
pire	**sämre** ; **värre**
piscine	**simbassäng**
place	**plats**
plage	**strand**
plaire	**tilltala**, **-r**
plein	**full**
pleurer	**gråta**, **-er**
pleuvoir	**regna**, **-r**
pluie	**regn** (*n.*)
plus ou moins	**mer eller mindre**
pourquoi	**varför**
prénom	**förnamn** (*n.*)
prix	**pris** (*n.*)
prochain	**nästa**
promenade	**promenad**
promener (se)	**promenera**, **-r**
promettre	**lova**, **-r**
propre	**ren**
protester	**protestera**, **-r**

Q

quai	**perrong**
quand	**när**

que	**som**
quelque chose	**någonting**
quelques	**några**
quelqu'un	**någon**, **något**
queue	**kö**
qui (*pronom interrogatif*)	**vem**
qui (*pronom relatif*)	**som**
quoi	**vad**

R

raconter	**berätta**, **-r**
rafraîchissement	**förfriskning**
raisin	**druva**
raison	**anledning**
ramasser	**samla**, **-r**
rapide	**snabb**
recette	**recept**
recevoir	**mottaga**, **-er**
recommander	**rekommendera**, **-r**
refaire	**göra om**, **gör**
réfrigérateur	**kylskåp** (*n.*)
regarder	**titta på**, **-r**
région	**region**
regretter	**ångra**, **-r**
rencontrer	**träffa**, **-r**
rendez-vous	**träff**
repas	**måltid**
répéter	**upprepa**, **-r**
répondre	**svara**, **-r**
ressemblant	**lik**
ressentir	**erfara**, **erfar**
rester	**stanna**, **-r**
retard	**försening**
retour	**återkomst**
retourner	**återvända**, **-er**
réveiller (se)	**vakna**, **-r**
riche	**rik**
rien	**ingenting**
rire (*verbe*)	**skratta**, **-r**
rivière	**flod**
riz	**ris** (*n.*)
robe	**klänning**
roi	**kung**
rôti	**stek**
rouge	**röd**
rouge à lèvres	**läppstift**
route	**landsväg**
rue	**gata**

S

sa	**hans** ; **hennes**
sac	**väska**
sain	**sund**
salade	**sallat**
sale	**smutsig**
salle	**sal**
salle de bains	**badrum** (*n.*)
salon de coiffure	**frisörsalong**
saluer	**hälsa**, **-r**
samedi	**lördag**
sans	**utan**
santé	**hälsa**
savoir	**veta**, **vet**
savon	**tvål**
seau	**hink**
sec	**torr**
secret (*nom*)	**hemlighet**
sel	**salt** (*n.*)
semaine	**vecka**
sembler	**förefalla**, **-er**
sentir	**känna**, **-er** ; **förnimma**, **-er**
serviette	**handduk**
si	**om**
signer	**underteckna**, **-r**
simple	**enkel**
situation	**situation**
skis	**skidor** (*pl.*)
sœur	**syster**
soif	**törst**
soir	**kväll**
sol	**mark**

soleil	**sol**
solution	**lösning**
son	**hans** (*m.*) ; **hennes** (*f.*)
sortie	**utgång**
sortir	**gå ut**, **går**
souffler	**blåsa**, **-er**
souhaiter	**önska**, **-r**
soupe	**soppa**
source	**källa**
sourd (*adj.*)	**döv**
sous	**under**
souvenir	**minne** (*n.*)
souvent	**ofta**
spécial	**speciell**
sport	**idrott**, **sport**
sucre	**socker** (*n.*)
sud	**söder**
suffire	**räcka**, **-er**
suffisant	**tillräcklig**
Suisse (pays)	**Schweiz**
Suisse (*f.*)	**schweiziska**
Suisse (*m.*)	**schweizare**
suivant	**följande**
suivre	**följa**, **-er**
sur	**på**

T

table	**bord** (*n.*)
tableau	**tavla**
taille	**storlek**
tant	**så mycket** ; **så många**
tante	**moster / faster**, **tant**
tapis	**matta**
tard	**sent**
tasse	**kopp**
témoin	**vittne** (*n.*)
temps	**tid**
tente	**tält** (*n.*)
terminer	**avsluta**, **-r**
tête	**huvud** (*n.*)
théâtre	**teater**
timbre	**frimärke** (*n.*)
tirer	**dra**, **-r**
tiroir	**låda**
tomate	**tomat**
tomber	**falla**, **-er**
tôt	**tidigt**
toucher	**beröra**, **berör**
toujours	**alltid**
tous	**alla**
tout	**allt**
tout de suite	**genast**
train	**tåg** (*n.*)
tranquille	**lugn**
travail	**arbete** (*n.*)
travailler	**arbeta**, **-r**
très	**mycket**
triste	**ledsen**
trop	**för mycket** ; **för** + *adj.*
trouver	**hitta**, **-r**
tu	**du**
tuer	**döda**, **-r**

U

un/e	**en** (*non-neutre*), **ett** (*neutre*)
unique	**unik**
unir	**förena**, **-r**
urgent	**brådskande**
user	**slita**, **-er**
utiliser	**använda**, **-er**
utile	**nyttig**

V

vacances	**semester**
vaisselle	**disk**
valise	**resväska**
vendre	**sälja**, **-er**
vendredi	**fredag**

venir **komma**, **-er**
vent **vind**
vérité **sanning**
verre **glas** (*n.*)
vert **grön**
veste **jacka**
vêtements **kläder** (*pl.*)
viande **kött** (*n.*)
vide **tom**
vie **liv** (*n.*)
vieille **gammal**
vieux **gammal** (*sing.*), **gamla** (*pl.*)
village **by**
ville **stad**
vin **vin** (*n.*)
visage **ansikte** (*n.*)
visiter **besöka**, **-er**
vite **snabbt**
vivre **leva**, **-er**
voir **se**, **-r**
voiture **bil**
vouloir **vilja**, **vill**
vous **ni**
voyage **resa**
voyager **resa**, **-er**

Imprimé en France